Klaus-Wilhelm Gérard

Faszination Trüffel

Suchen, Finden, Kochen …

Geschichten und Geschichte über den kostbarsten Pilz der Welt

ALOIS KNÜRR VERLAG
MÜNCHEN

CIP-Kurztitelaufnahme der Deutschen Bibliothek
Gérard, Klaus-Wilhelm:
Faszination Trüffel
Suchen, Finden, Kochen ...
Geschichten und Geschichte über den kostbarsten
Pilz der Welt

Alois Knürr Verlags GmbH, ISBN 978-3-928432-53-5

(aktualisierte und erweiterte Ausgabe des Buches
„Die Geheimnisse des Trüffelsuchers“ von Klaus-Wilhelm Gérard)

Alois Knürr Verlags GmbH, Sperberstr. 23, 81827 München
Tel. 0 89/43 76 61 00, Fax 0 89/4 39 29 86
e-mail: knuerr-verlag@t-online.de
Internet: www.knuerr-verlag.de
Foto Titelseite: Jörg Sänger, Gütersloh
Gestaltung: Corporate by Ron Imelauer, München
Satz und Repro: Franzis print & media GmbH, München
Druck und Bindung: FINIDR S.r.o. Cz

Inhalt

Auf die Trüffel gekommen

Tante Babette ist schuld

Ich glaube, damals, als sie mir das berühmte Regensburger Kochbuch von Marie Schandri schenkte, liebte meine Freundin mich wirklich noch, damals erzürnte sie der Gedanke an Straßburger Gänseleber mit der schwarzen Trüffel noch nicht. Bei dem Geschenk handelte es sich um eine alte Ausgabe des Kochbuchs, und auf dem Innendeckel stand ein handschriftlicher Bleistifteintrag von einer »Tante Babette«, die das Buch »ihrer lieben Nichte Agi zum 18. Geburtstag« geschenkt hatte. »Steingaden, 21. Mai 1896«.

Ich bekam das Buch Monate bevor mir meine Freundin an einem tristen Novembersonntag ihre Meinung bezüglich meiner Wochenendausflüge in das Elsass bekanntgab. Ich unternahm sie zusammen mit meinem Schulfreund Klaus 194 (ich maß 182 Zentimeter, er 194). Sie könne diese nicht mehr hinnehmen und hätte auch sonst von mir die Nase voll. Das Kochbuch könne ich aber behalten. Das hatte ich also davon. Davon, dass ich, kaum hatte ich Ende der sechziger Jahre das Abi in der Tasche, einen Großteil meines als Bandsänger und Gitarrist ersten selbstverdienten Geldes in die zu dieser Zeit wie die Pilze aus dem Boden schießenden *ristoranti* und *pizzerie* trug. Der Rest davon ging bei Wochenendreisen in das Elsass drauf. Elsass, das war auch damals schon der Inbegriff von Feinschmeckerei, höchster Kochkunst, unermesslichen kulinarischen Genusses. Einer der unverschämt teuren Höhepunkte war die *foie gras*, mitten darin liebevoll und verheißungsvoll eingebettet, ein schwarzes Juwel – das Stückchen Trüffel. Die Deutschen begannen gerade, ausschließlich trockenen Wein zum Essen zu trinken, da empfahl mir Monsieur Robert Kléber, der Kellner im *Au bon vivant* in Strasbourg, einen fruchtigen Gewürztraminer zur Gänseleber, der zudem in Form von braunen, zittrigen Aspikwürfeln um sie herum drapiert war.

In ganz kleinen Stücken verspeiste ich die *foie gras*, opferte sie nahezu. Und dann lag nur noch das Trüffelstückchen auf dem Teller. Die Entscheidung, dieses zu zerteilen oder gar im Ganzen zu essen, fiel mir, der ich um die Kürze des Genusses wusste, äußerst schwer. Doch, ehrlich gesagt, das kleine Schwarze schmeckte nach nichts! Nach mehreren Besuchen im *Au bon vivant*, die immer gleich abliefen – *foie gras, coquille St. Jacques au gratin, sorbet au citron au Marc de Gewurztraminer* – und ich Monsieur Kléber schon etwas besser kannte, fragte ich ihn vorsichtig über Trüffeln aus. Sie kommen aus dem Périgord und sind unheimlich teuer. Warum denn eigentlich, sie schmecken doch nach nichts. Oh – sie, die Trüffel, gibt sich, wenn die *foie gras* im Wasserbad gart, dieser hin, übergibt ihr uneigennützig ihren besonderen Geschmack – und hat dann selbst keinen mehr. Monsieur Kléber weiß so etwas, er ist gelernter Koch, hatte früher in Colmar ein Restaurant.

Als meine Freundin mich damals mir selbst überließ, blätterte ich zunächst betrübt in den Rezepten, fragte mich, wie wohl zwei Kilogramm blättlichst geschnittene und zwei Stunden in Wein gekochte Trüffeln schmecken und besuchte dann mein Lieblingsristorante *La Botte* in der Nachbarstadt Weilheim; der Trennungsschmerz war ein guter Grund dafür. Am Boden und in ein paar Regalen im Gewölbekeller des Ristorante standen eine Unmenge bauchiger Chiantiflaschen mit unsinnig langen Hälsen und in Strohmänteln. Auf jedem Tisch tropfte Wachs von einer flackernden Kerze auf die als Ständer benutzte rundliche Weinflasche und hinterließ um den Hals ein dickes, buntes, unordentliches Gebilde. Perry Como sang sanft und traurig für seine und meine Freundin »*And I love you so*«. Giovanni – alle Kellner hießen in dieser Zeit Giovanni – erkannte meinen Schmerz und pries mir wissend seufzend sofort eine Spezialität aus seiner Heimat an, die mich wieder glücklich machen würde. Er verschwand und kam *subito* mit einem mit Küchenkrepp ausgelegten Holzkästchen zurück. Das Ristorante war noch leer. Er setzte sich zu mir und erzählte mir von seiner Familie, die in einem kleinen Dörfchen in der norditalienischen Region Piemont lebe. Sein Großvater hätte einen Hund und würde damit immer im Herbst Trüffeln suchen, weiße Trüffeln. Das wären die besten und teuersten, die es gibt. Sein Bruder sei vor einigen Tagen auf Besuch bei ihm gewesen und hätte einige Trüffeln und Wein im Gepäck gehabt.

Das weiße Gold

Eccolò, er nimmt eine Trüffel aus dem Kästchen und hält sie mir unter die Nase. Ein recht eigenartiger Geruch, ja Gestank. Erwartungsvoll mit großen Augen schaut mich Giovanni an, etwas enttäuscht von meiner zurückhaltenden Reaktion. »Du haste noch nie weiße Triffel ause Piemonte gegessen – e? Warte, i lasse dir ein paar Eiernudel machen, dann wirste du sehe.« Er verschwindet kurz und kommt mit zwei Gläsern und einer Flasche Barbera zurück. Schöne Farbe, kräftiges Bouquet, recht trocken, *salute*! Giovanni stellt das Glas ab, verschwindet erneut und bringt einen dampfenden Teller Tagliatelle, stellt ihn vor mich hin, holt einen kleinen Hobel, aus der Hosentasche, nimmt eine der Trüffeln in die Hand und hobelt sie in hauchdünnen Scheiben über die Nudeln. *Buon appetito!* Durch die Hitze der Nudeln verströmt das, was auf dem Teller liegt, einen betörenden Duft nach konzentrierter Brühe, ein wenig Knoblauch, Butter und weiß Gott noch was. Ich koste, bin glücklich und – schlagartig süchtig.
Anfang der achtziger Jahre lernte ich auf einem Kongress in München den jungen italienischen Unternehmer Stefano Stocco kennen, der mich kurz darauf einlud, ihn in seinem Heimatort Saluzzo im Piemont zu besuchen. Sehr gerne nahm ich die Einladung an und bat ihn, ein Zimmer zu reservieren, einen Besuch bei einem Weinbauern in Barbaresco und ein schönes Abendessen mit Trüffeln zu organisieren. Es war Mitte Oktober.
Alles lief wie gewünscht. Stefano hatte mich in der Provinzhauptstadt Alba im Hotel *Savona* untergebracht. Gleich um die Ecke beginnt die Fußgängerzone, von der aus ich durch ein Tor in einen Hof geriet, in dem jeden Vormittag zur Trüffel-

zeit ab Oktober der berühmte Trüffelmarkt stattfindet. Sie sind mir unvergesslich, diese Mengen von Trüffeln, fein säuberlich aufgereiht auf weißen Tüchern, daneben die Briefwaage – und überall dieser intensive, gasartige Trüffel-»Gestank«.
Hin und wieder sprechen mich alte Männer in verbeulten, altmodischen Sakkos an, wettergegerbte, unrasierte Gesichter. Sie lassen mich an ihrer wertvollen Ernte riechen, die sie in zerknülltem Papier aus der Tasche holen und mir mit Verschwörermiene verkaufen wollen. Davor hat mich Stefano gewarnt, und ich wehre ab. In dieser Atmosphäre erwartet sich mancher Laie gute Gelegenheiten für den Trüffelerwerb. Aber Vorsicht ist geboten: Die Trüffeln sind nicht geputzt. Oft bemerkt der Käufer erst beim Reinigen der Trüffeln einen Lehmbatzen, der breit auf die durch die Hundekralle entstandene Beschädigung gedrückt wurde. Das macht gut zehn bis 15 Gramm aus. Ganz böse *trifolai,* heißt es, sollen sogar Schrotkugeln in die Trüffeln drücken, um sie schwerer zu machen. So eine Überraschung will ich nicht erleben, zumal der Preis des Trüffelsuchers, des *trifolao,* zu akzeptieren ist; handeln geht nicht; das wäre eine Beleidigung, da die allermeisten *trifolai* bodenständig und ehrlich sind und nur das verlangen, was auch angebracht ist.

Der trifolao, seine Hunde und der tedesco

Stefano holt mich gegen Mittag ab. Wir sind bei der Weinbauernfamilie Musso eingeladen, die in Barbaresco lebt und einen der besten Baberas, Nebbiolos und Barbarescos herstellt, wie mir versichert wurde, denn es gibt nur beste Weine hier. Valter, der Junior, Augusto, der Papa, und Sebastiano, der Großvater, *il nonno,* an die 80 Jahre alt. Die Sonne scheint, wir – Valter, Augusto, Stefano und ich – sitzen auf der Terrasse am gedeckten Tisch; unter uns die Weinberge. *Pasta al ragout*, dazu einen 78er Barbaresco.
Hundegebell macht mich aufmerksam. Unterhalb der Terrasse sehe ich einen kleinen Hundezwinger mit zwei mittelgroßen, weißen Hunden. Das sind die Hunde von *il nonno*, mit denen er auf Trüffelsuche geht. Ich traue meinen Ohren nicht. Kaum kann ich meine Erregung unterdrücken. »Meinst du, Sebastiano nimmt mich einmal auf Trüffelsuche mit?« Valter runzelt die Stirne, verspricht aber, mit *il nonno* zu sprechen. Papa Augusto zeigt mir nach dem Essen den Weinkeller und spaziert mit mir durch die Weinberge. Als wir zurückkommen, teilt mir Valter die frohe Botschaft mit: ich sollte am nächsten Morgen um vier Uhr in der *azienda* sein, sein Großvater würde mich mitnehmen – ausnahmsweise. Ich bräuchte feste Schuhe, widerstandsfähige Jacke und Hose.
Dunkel ist es noch, als ich am nächsten frühen Morgen auf den Hof der Familie Musso fahre, doch der abnehmende Mond lässt Umrisse recht gut erkennen. Sebastiano wartet schon auf mich; einen der Hunde hat er an der Leine, in der anderen Hand eine Taschenlampe. Im Mondschein kann ich sein runzeliges, kleines, nicht sehr freundliches Gesicht erkennen. Er ist zwischen ein Meter fünfzig

und ein Meter sechzig groß, dürr, etwas gebückt. Ein knurriges »*duma*«, was auch immer das heißen mag, und los geht's in Richtung Weinberge, ich in gebührendem Abstand hinterher, aufgeregt wie bei einem ersten Rendezvous. Ein Traum beginnt in Erfüllung zu gehen. Ich koste diese Freude aus. Es geht den Weinberg hinab, dann wieder bergauf. Die Luft ist kühl und feucht, der Hund – die Schnauze am Boden, immer zehn bis 20 Meter vor *il nonno*, der an mich außer dem »*duma*« noch kein einziges Wort gerichtet hat. Später erfahre ich von seiner Zeit in Deutschland als Zwangsarbeiter während der Zeit des Faschismus. Welche Gedanken mussten diesem alten Mann durch den Kopf gegangen sein, der jetzt *un tedesco* auf Trüffelsuche mitnimmt. Jeder echte *trifolao* ist lieber alleine unterwegs. Keiner möchte anderen die Stellen zeigen, an denen sein Hund fündig werden könnte. Vielleicht ist er gar nicht so mürrisch, wie er aussieht, vielleicht haben ihn auch die Mengen überzeugt, die ich damals von dem wunderbaren Barbaresco der Familie Musso mit nach Deutschland nahm.
Da, Diana, die Trüffelhundedame, verhält, schnüffelt und beginnt zu scharren. Ich erstarre nahezu vor Ehrfurcht. Sebastiano geht ganz ruhig zu der Stelle, an der Diana noch immer scharrt, und holt seine *zappa*, eine Art Hacke, aus einer Gürtelschlaufe, kniet nieder, drängt Diana beiseite, hackt vorsichtig den feuchten lehmigen Boden auf und holt schließlich einen hühnereigroßen Lehmklumpen aus dem zehn Zentimeter tiefen Loch heraus. Er schält den Lehm vorsichtig ab – eine Trüffel! *Il nonno* verzieht keine Miene, Diana bekommt ein Stück trockenes Weißbrot aus der rechten Jackentasche und wird gestreichelt. Die Trüffel verschwindet in der linken Jackentasche, das Loch wird mit der herausgescharrten Erde verfüllt. Weiter geht's. Zu mir – kein Wort. Nach drei Stunden Wanderung durch Hasel- und Eichenwäldern beträgt die Ernte sechs Trüffeln, die kleinste fünf Gramm – so groß wie eine Haselnuss – bis 50 Gramm in der Größe eines Hühnereis. Es ist taghell, als wir wieder zurück zum Weinberg unter der Terrasse kommen. Diana wird von der Hundekollegin freudig begrüßt und kommt in den Zwinger. *Il nonno* verschwindet im Haus, und Valter wartet schon im Hof. Er will wissen, wie es war und ob sein Großvater mit mir gesprochen hat. Außer »*duma*« nichts. »Oh, dann mag er dich. *Duma* ist Dialekt und bedeutet soviel wie ›los geht's‹. Ihr habt etwas gefunden? Dann werde ich *mamma* Rita vorschlagen, für heute Mittag frische Tagliatelle zu schneiden, und Sebastiano ein paar Trüffelchen abbetteln.«

Ich darf wieder mit

Mezzogiornomezzo, halb eins. Herrliches Wetter. Auf der Terrasse der Tisch mit sechs Gedecken. Bunte Plastiktischdecke. Am Tisch Augusto, Valter, sein Schwager, dessen Bruder und ich. Valter sagte mir, »*il nonno* isst heute mit uns«. Damit hatte ich nicht gerechnet. *Mamma* Rita trägt eine große, ovale Porzellanplatte mit dampfenden Tagliatelle aus der Küche heraus, Sebastiano bringt ein Tellerchen mit drei Trüffeln, sauber geputzt, und einen Trüffelhobel und nimmt am Tisch Platz. Da ich noch keine Gelegenheit hatte, versuche ich mich jetzt bei ihm zu bedanken. Er will wissen, ob ich zufrieden sei, schneidet aber meine Dankesworte mit einem kurzen »*mangiamo*«, essen wir, ab. Die Nudelzange geht herum, jeder legt sich gut auf. Augusto nimmt den Hobel und beginnt über meine Tagliatelle eine Menge Trüffelscheiben zu hobeln. Mein zurückhaltendes, aber höfliches »*basta*« überhört er erfreulicherweise. Alle haben Trüffeln auf der *pasta,* nur Sebastiano noch nicht. Ich weise dezent darauf hin, doch er wehrt ab. Er mag keine Trüffeln, klärt mich Augusto auf. Die vormittags von *mamma* Rita aus Truthahneiern handgemachten kräftiggelben Tagliatelle sind ein Genuss; nur in Butter geschwenkt, und die Trüffeln duften unvergleichlich – bei göttlichem Geschmack und dem besonderen Gefühl, bei der Ernte dabei gewesen zu sein. Rita kommt an den Tisch, und alle loben ihre Nudeln. Ihre Portion wird sie in der Küche zu sich nehmen; erst, wenn alle fertig sind. Zunächst gibt es noch gegrilltes Lamm und Schwein und schließlich einen *budino*, einen Schokoladenpudding. Beim Grappa fragt mich Sebastiano, ob ich mit ihm, Diana und Pora, dem zweiten Hund, am nächsten Tag noch mal mitgehen will. Und ob ich gerne würde! Aber ich muss zurück nach Deutschland. Ein paar Tage später ruft mich Valter an. Ich danke ihm nochmals für die Gastfreundschaft und sage ihm, dass ich hoffe, wieder einmal mit Sebastiano auf Trüffelsuche gehen zu können. Das wird schwierig, meint Valter. Gestern wurden beide Hunde von *il nonno* vergiftet. Sie haben ausgelegte vergiftete Fleischbällchen gefressen und waren nach ein paar Minuten tot. Was für eine schreckliche Nachricht musste das für *il nonno* gewesen sein. Die Besitzer der Tiere sind vollkommen ohnmächtig, denn jede Hilfe kommt zu spät, und die feigen Verbrecher werden fast nie gefasst. Ein halbes Jahr später starb *il nonno* Sebastiano Musso.

Ein dekorativ vergammelter Steinhaufen

Die Marken oder *le Marche* sind eine wenig bekannte Region an der Adria mit der Hauptstadt Ancona, 150 km lang, 70 km breit, 246 Gemeinden, 260 Museen und Pinakotheken. Wenn man nach Italien hinunterschaut, links von der Toscana und Umbrien an der Adria. Die Marken sind auch heute noch ein Geheimtipp und bleiben vom Massentourismus weitgehend verschont. Früher gehörten sie zum Kirchenstaat. Aus dieser Zeit stammt ein in Italien immer noch aktuelles Sprichwort: Lieber eine Leiche im Keller, als einen *Marchigiano* vor der Haustüre. Es stammten nämlich mehrere Päpste aus den Marken, und diese setzten ihre Landsleute gerne als verlässliche Steuereintreiber ein.

1993 kauften meine Frau Angela und ich ein altes Bauernhaus in den Marken, eher ein dekorativ vergammelter Steinhaufen in traumhafter Lage. Freunde und Verwandte erklärten uns für verrückt und versuchten, uns von diesem Projekt abzuhalten. Vergeblich. Und so entstand nach großem Arbeitseinsatz und viel Spaß eine zweite Heimat am Ortsrand des malerischen Städtchens Monte San Vito unweit von Ancona.

Eines Tages kommt mir in Erinnerung, dass ich damals in Alba in einem kleinen Feinkostgeschäft in großen, flachen Körben, geputzt und dekorativ dargeboten, Trüffeln gesehen habe: *tartufo bianco di Alba*, zwei Millionen Lire das Kilo. Daneben *tartufo bianco, le Marche*, eine Million zweihunderttausend Lire. Ja, es gibt auch Trüffeln in Mittelitalien. Sie sind billiger, weil sie nicht so gut sind wie unsere hier im Piemont, hatte mir der Verkäufer im Feinkostladen erklärt. Nach langem, hartnäckigen Herumfragen finden wir schließlich zwei *trattorie*, in denen es einige Gerichte für Süchtige wie mich gibt: gebutterte Tagliatelle, *passatelli* in kräftiger Truthahnbrühe, warmer Käse und darüber unanständig viele weiße, hingehobelte Trüffelscheiben – eine erschwingliche kulinarische Glückseligkeit; der Himmel für den Feinschmecker. Es fällt mir schwer, einen Unterschied zu den Trüffeln im Piemont festzustellen. Ich will mehr über diese göttlichen runden Dinger erfahren.

Leo und Herrchen: gesucht – gefunden!

Von den Erfahrungen eines Trüffelnovizen

Avvocato Giovanni vermeidet es gern, mittwochs in seiner Kanzlei zu sein. Lieber ist er mit seinem Hund Pippo auf Trüffelsuche in den Marken. In aller Herrgottsfrühe.

Halb vier. Brutal erinnert mich der Wecker an mein Versprechen, um halb fünf Uhr unter der Brücke der Ausfahrt Jesi Centro der *superstrada* Ancona - Rom zu sein. Ich mache mich fertig und vermeide es dabei, in den Spiegel zu schauen. Der Espresso, der mich eigentlich wach machen soll, bewirkt gar nichts, da die Maschine noch nicht warm genug ist.

Es ist der 1. Juni und heute beginnt die Saison der schwarzen Trüffeln. Die Schnellstraße ist voll von den Pendlern, die sich auf ihre Arbeit in Rom freuen. Radio Lattemiele liefert *Pino Danieles* »Je *so' pazzo'*«, als ich die Abfahrt Jesi Centro nehme. Mein Trüffeltutor ist noch nicht da. Ich parke meinen Fiat Uno unter der Brücke. Es ist schon hell, und die kühle, feuchte Luft weht durch das heruntergekurbelte Fenster der Fahrertür herein. Ein uralter Fünfer-BMW dieselt mir kurz darauf fast in den Kofferraum. Ein Mensch in verbeulter, schmutziger Hose und einer fleckigen gelben Jacke steigt aus. Giovanni.

Unter der Brücke

Vor ein paar Tagen, als wir zusammen in einem Restaurant am Meer in Senigallia ein vorzügliches Fisch-Menü genossen, sah dieser Herr noch ganz so aus, wie man sich einen seriösen Rechtsanwalt vorstellt. Dunkelblauer Anzug mit Weste, Krawatte und Einstecktuch, kastanienbraunes Haar und ein Hauch von edlem Aftershave. Über das wundervolle Menü kamen wir auf die drei schönsten Dinge im Leben zu sprechen. Dazu zählt Giovannis größte Leidenschaft: Trüffeln. Ich horchte auf und fragte sofort nach. Giovanni hatte vier Trüffelhunde! Ich wurde unruhig. Er geht in der Saison mehrmals wöchentlich auf Trüffelsuche. Am 1. Juni beginnt die neue Saison.

Als wir beim Essen saßen, waren es bis dahin noch drei Tage.

Kann man eigentlich auch mit Begleitung auf Trüffelsuche gehen, fragte ich beiläufig.

Aber sicher, willst du mitgehen? Du bist mein Freund, wann hast du Zeit? Immer! Also einigten wir uns auf den 1. Juni um halb fünf unter der Brücke an der Ausfahrt Jesi Centro der *superstrada*.

Ich steige in den Klapper-BMW um. Der Handschuhfachdeckel ist mit einem Draht zugebunden, in der Ablage unter dem Armaturenbrett liegen wüst durcheinander eine Rechnung vom Wasserwerk, ein paar Bankauszüge, zerknülltes Papier, einige Lirescheine und Münzen. Es riecht nach Erde, und ich bilde mir ein –

auch ein wenig nach Trüffeln. Wahrscheinlich sind das die ersten Halluzinationen eines Süchtigen.

Um auf Giovanni keinen gänzlich unbedarften Eindruck zu machen, habe ich am Abend zuvor in einem Pilzebuch noch schnell Grundsätzliches über Trüffeln nachgelesen: Tuber, Gattung der Schlauchpilze, deren Myzel oder Fadengeflecht im Waldboden lebt und mit den Wurzeln von Waldbäumen eine Mykorrhiza, eine Lebensgemeinschaft zwischen Baumwurzeln und Pilzen, bildet. Die unterirdischen, kartoffelähnlichen Fruchtkörper haben oft warzige Haut und sind innen marmoriert durch hellere und dunklere gewundene Gänge, die mit Fruchtschicht ausgekleidet sind. Diese Schicht enthält Sporenschläuche mit meist nur je vier stacheligen oder netzadrigen Sporen. Reife Fruchtkörper zerfallen durch Fäulnis und geben die Sporen an das Erdreich zur eigenen Reproduktion ab. Das muss man wissen!

Wir fahren los, wieder auf die *superstrada* in Richtung Rom über Monte Roberto, Rosora bis kurz vor Fabriano, es ist nicht mehr weit nach Umbrien. Wo ist denn eigentlich der Hund? Giovanni deutet mit dem Daumen nach hinten. Im Kofferraum. Armes Vieh, denke ich.

Wir verlassen die *superstrada* und fahren an der romanischen Abtei *Santa Elena* vorbei in Richtung Montefiascone, immer weiter in die Berge, die hier immerhin schon bis zu 800 Meter hoch sind. Die Dörfer werden immer kleiner und ärmlicher, sind nahezu menschenleer. Die schmale, aber geteerte, steile Straße geht in einen holprigen Feldweg über, unter Bäumen hindurch, ein, zwei Abzweigungen, und wir sind mitten im Mischwald. Buchen, Ahorn, Haselsträucher, Eichen, Fichten. Der BMW fährt unter tiefhängenden, dichtbelaubten Ästen hindurch. Wir stellen ihn schließlich gut getarnt auf einem weichen Waldweg ab. Wo ist denn nun der Hund? Endlich öffnet Giovanni den Kofferraum, holt eine abgewetzte, olivgrüne Umhängetasche und die *vanghetta*, das lanzenartige Grabwerkzeug, hervor. Und da ist ja auch der Hund. Erwartungsvoll schaut er aus dem Kofferraum heraus sein Herrchen an und wartet auf das *»vieni«*. Ein Sprung, und aus dem geduldigen Tier wird ein energiegeladener, umherwürmelnder Spürhund.

Pippo beschnüffelt mich prüfend. Da ich nicht nach Trüffeln rieche, versiegt sein Interesse schnell, und er beginnt seine Kreise um sein Herrchen zu ziehen, die langsam größer werden. Die Schnauze am Boden, eifrig schnaubend entdeckt er sicher schon gleich die erste Trüffel. Da, er fixiert eine Stelle. Läuft zu Herrchen zurück und wieder zu dieser Stelle und – markiert. Auch ein Hund muss mal müssen.

Wir sind aufbruchbereit, und Pippo hat mittlerweile schon gut zwei Dutzend seiner Lieblingsbäume auf seine Art begrüßt. Er ist ein Mischling, vielleicht ein bisschen Spaniel, Jagdhund, etwas Dalmatiner. Seine Grundfarbe ist weiß, er ist mittelgroß, drahtig, beweglich. Im Gesicht trägt er eine schwarze Sonnenbrille und auf dem Rücken einen schwarzen, kreisrunden Sattel. Ein guter *trifolao*, so heißt sowohl der Hund als auch der Trüffelsucher, kostet an die zehn Millionen Lire – das entspricht 5000 Euro.

Sag mir, wo die Trüffeln sind

Es ist wichtig zu wissen, wo die *tartufaie* sind. Diese Stellen im Wald unter Bäumen oder Büschen haben kaum oder nur trockenes Gras, teilweise sind Steine zu sehen. Bei großen Bäumen sind Trüffeln bis zu fünf Metern und mehr vom Baumstamm entfernt an deren Wurzeln zu finden. Bei kleineren Bäumen oder Büschen in der Nähe der Hauptwurzel, übrigens auch unter großen Ginster- und Wacholdersträuchern.
Zu dieser Tageszeit ist die Luft rein und feucht. Der Hund ist ausgeruht und äußerst sensibel. Heute ist er mit besonderer Begeisterung bei der Sache, da er schon seit Mitte März nicht mehr auf Trüffelsuche war. Es herrscht Jagdfieber bei allen Beteiligten. Wir brechen wegen der klaren Luft so früh am Tag auf, aber auch, um als erste an den Fundstellen zu sein. Wie Pilze finden sich Trüffeln immer wieder an den gleichen Stellen. Mit einiger Erfahrung, mühevoll und über viele Jahre erarbeitet, kennt der Trüffelsucher die Plätze. Tipps von Kollegen gibt es nicht. Eifersüchtig behält jeder seine wertvollen Geheimnisse für sich. Da geht es um Ehre – und um viel Geld.
Giovanni empfiehlt Pippo, zunächst den Hang linker Hand hinaufzusteigen. Ein lichter, noch nicht allzu alter Wald. Pippo hält an und schnüffelt aufgeregt an einem Ort, den ich sofort als *tartufaia* erkenne. Seine Kreise werden kleiner, er wittert sich an einer Stelle fest und beginnt zuerst verhalten, dann wie wild zu scharren, zuerst vorsichtig, dann schneller. *Fermati!* Halt! Kein Scharren mehr, Pippo duckt sich und schaut auf sein Herrchen. Das Herrchen nimmt die *vanghetta* und geht an die vermeintliche Fundstelle. Diese *vanghetta* oder *vanghina* ist eine Art Lanze mit einem dicken Holzschaft, an die 60 Zentimeter lang. Damit kann der Trüffelsucher stoßen, graben und Erde beiseite räumen. Giovanni gräbt vorsichtig. Nach zehn Zentimetern zeigt sich ein Trüffelchen in der Größe einer Haselnuss. Pippo bekommt ein Leckerli, Herrchen schiebt die Erde wieder vorsichtig in die kleine Grube. Das steht im Lehrbuch, das für die Prüfung vor einer *Commissione provinciale* zur Erlangung eines *permesso*, einer Lizenz, die zum Trüffelsuchen berechtigt, am besten auswendig zu lernen ist. Dieser Schein, der *tesserino per la ricerca dei tartufi*, der von der Forstbehörde nach einer schriftlichen und einer mündlichen Prüfung erteilt wird, ist seit 1982 gesetzliche Vorschrift. Vorher war die Suche für jederhund oder jederschwein frei.
Bis in die achtziger Jahre des vergangenen Jahrhunderts wurden Trüffeln mit Schweinen gesucht, denen ein Eisenring über die Schnauze geschoben wurde, damit sie sich nicht selbst bedienen konnten. Im französischen Périgord und in einigen anderen Gebieten geschieht das auch heute noch auf diese Art. Um besonders geeignete Tiere zu erkennen, steckte der Hirte eine reife Trüffel auf einen Stecken und ging damit durch die Herde hindurch. Schweine, die ihm folgten, wurden lebensverlängernd als *trifolao* erkannt.

Giovanni hat heute auf Aftershave verzichtet und kein Cool Water aufgelegt, da es Pippo irritieren könnte. Es geht weiter recht steil bergauf, was mir etwas den

Atem nimmt. Der Boden ist weich, und wir ziehen uns immer wieder an kleinen Bäumen und Ästen nach oben. Erleichtert stelle ich fest, dass auch Giovanni japst, denn Pippo hält uns auf Trab. Jetzt, wo wir fast oben sind, rennt er wieder nach unten. Er hat wieder eine Spur. Wir laufen hinterher, rutschen mehr, als dass wir laufen, und kommen kurz vor einem Abbruch mit einem Überhang zum Stehen. Gut einen Meter unterhalb steht Pippo auf den Hinterbeinen und scharrt. *Fermati!* Wir rutschen zu dem Hund hinunter, kommen wieder auf die Beine, Pippo duckt sich, die *vanghetta* gräbt, und schon purzelt uns ein nettes Trüffelchen entgegen. 60 Gramm, taxiert Giovanni zufrieden und hält mir den Trüffelpilz unter die Nase. Zuerst Erdgeruch, dann trüffelt es ordentlich, und mir kommen schöne Gedanken. *Andiamo*, gehen wir weiter. Schon ist die Trüffel in Giovannis Botanikertasche verschwunden, und Pippo hat sein Leckerli.

Stell dich nicht dümmer, als du bist!

Nun haben wir den mit Laubbäumen bewachsenen Bergkamm erreicht. Nordwestlich unter uns liegt Fabriano. Es riecht nach Erde, nach feuchtem Laub. Pippo wittert wieder und dreht geschäftig seine Kreise. Giovanni ermuntert ihn mit einem *Su, su! Si-hi-hi-h-i. Bra-ha-ha-hav', su, su!* Pippo kommt und will eine Belohnung. Schaut Giovanni auffordernd an. *Su! Su! Non mi fai il stupido*, stell dich nicht dümmer, als du bist! Pippo zieht seine Kreise. Unter einem Haselbusch erstarrt er kurz, dann ein heftiges Einsaugen der Luft, ein Glucksen, ein wildes Scharren. *Fermati!* Der Hund hört sofort auf, duckt sich und schaut zu Giovanni, der an die Stelle eilt. Die *vanghetta* in der Hand, geht er auf die Knie, stößt vorsichtig in den Boden und räumt die Erde beiseite. 20 Zentimeter, dann Lobrufe für Pippo. Ein Gegenstand, groß wie ein Hühnerei, mit schwarzer, grobgewarzter Oberfläche kommt zum Vorschein. Eine 70-Gramm-Trüffel verschwindet in der Umhängetasche! Pippo wird ausgiebig gelobt. Die Grube wird mit der *vanghetta* wieder zugeschoben und die Erde leicht angedrückt. Es ist kaum zu erkennen, dass hier gegraben wurde. Wird eine Fundstelle wieder verschlossen, werden dort im nächsten Jahr wieder Trüffeln wachsen, und andere Trüffelsucher ahnen nichts davon.
Wir steigen weiter talabwärts, rutschen über eine Böschung auf einen Waldweg, den wir bergab einschlagen. Zur Böschung hin steht eine hüfthohe Kante. Pippo wittert und stellt sich auf, um zu scharren. Die Erde und ein paar Steine rieseln. *Fermati!* Er duckt sich. Die *vanghetta* übernimmt. Eine Handbreit weiter poltert uns ein ovales schwarzes Ding entgegen und bleibt auf dem Waldweg liegen. Noch mal 60 Gramm! *Bra-hav', bravo.* Pippo bekommt sein Stück Hundekuchen, alle freuen sich. Tasche auf, das duftet! Trüffel rein, und rasch wieder schließen.
Wir gehen weiter den Waldweg entlang. Giovanni passiert eine alte Buche, die drei Meter unterhalb steht, und fixiert den linken Wegrand. Pippo läuft weit vor uns her. *Vedi!* Giovanni deutet auf eine leichte Erhebung am Rande des ausge-

fahrenen Weges. Ein sicherer Griff mit Daumen und Zeigefinger und eine walnussgroße schwarze Trüffel verschwindet in der Tasche.
Ich kenne noch ein paar *tartufaie* hinter dem Monte Fiascone. Mit dem Auto fahren wir über einen kleinen Pass auf ein kleines Plateau, das wir überqueren. Eine Kiesstraße führt bergab in ein dichtbewaldetes Tal. Hier lassen wir den BMW stehen. Pippo springt aus seinem Kofferraum. *Vieni! Vanghetta* und Tasche umgehängt, und weiter geht's. Ein schmaler Saumpfad führt uns den steilen Berg hinauf. Pippo voran. Er schnüffelt und wieselt durch den Wald. Wir gehen weiter bis zu einer zum Tal abfallenden Lichtung, auf der einige kleine Eichen wachsen. Der Boden ist nahezu ohne Gras. Eine *tartufaia* wie im Lehrbuch. Auch Pippo ist dieser Meinung und wittert sich fest. Er scharrt, *fermati!* Er duckt sich, er gräbt. Nichts. Pippo steckt die Schnauze in die kleine Grube und beginnt wieder zu scharren. *Fermati!* Wir graben weiter, schieben die Erde aus dem Loch. Es hat sich gelohnt: 80 Gramm! Halb umschlossen mit feuchter Erde, als Trüffel kaum zu erkennen. Doppelte Belohnung für den Finder, die Grube wird wieder zugefüllt und die Spuren mit dürrem Laub und kleinen Ästen getarnt.
Mittag ist schon vorbei, meldet mein Magen. Giovanni schlägt vor, im nächsten Ort eine Kleinigkeit zu essen. Wir erreichen Angeli di Rosora, ein verschlafenes Örtchen an der *superstrada*. Giovanni hält an einem Gebäude, das von einem großen Sattelschlepper vollkommen verdeckt wird. *Pranziamo* – essen wir zu Mittag! Hier?

Sollen sie darben von Januar bis September

Avvocato! Ciao. Amadeo, der Wirt, an die dreißig Jahre alt, in einer karierten Metzgerhose, im Unterhemd, ein Handtuch über dem Unterarm der linken Hand, die den Stiel einer großen, dampfenden Aluminiumkasserolle hält. Kommt herein, ich habe für euch eine *pasta bianco al cinghiale.* Er verschwindet hinter dem Plastikvorhang vor der Eingangstüre, die zum Gastraum führt, in dem zehn kleine Tische stehen. Bis auf zwei sind alle besetzt. Kaum sitzen wir, haben wir schon die *pasta* mit Wildschweinsauce in unseren tiefen Tellern. Da, nimm diese beiden *tartufi* und bürste sie ordentlich. Giovanni holt aus der unergründlichen Umhängetasche eine Bürste, die er mir gibt. Wir werden sie auf die *pasta* geben. Kurz darauf hobelt er – auch der Hobel taucht aus der Universaltasche auf – eine der beiden feuchtschwarzen, sauberen Trüffeln über unsere Nudeln, bläht die Nasenflügel – *senti!* und verdreht die Augen. Die ersten frischen *scorzone* (vulgo für Sommertrüffeln) in diesem Jahr!
Du musst aber etwas Salz und Pfeffer daraufgeben. Das sind keine weißen Trüffeln, weißt du. Du musst dich freimachen von deiner Ehrfurcht vor der weißen Trüffel. Die schwarzen sind anders als die weißen und kulinarisch sehr vielseitig einzusetzen. Du kannst, ja du musst würzen. Bei *tagliatelle* zum Beispiel auch mit etwas Knoblauch oder Parmesan. Leute, die nur die weißen Trüffeln kennen,

werden nur ein verächtliches Lächeln für derartige Geschmacksvarianten haben. Lassen wir sie eben von Januar bis September darben!
Wir begleichen die Rechnung und verabschieden uns. *Telefoniamo,* ruft Giovanni dem Wirt noch im Hinausgehen zu und macht die historische italienische Telefonierbewegung, die linke Hand mit weit abgespreiztem kleinen Finger zum Mund und dem Daumen zum Ohr zeigend, die übrigen drei Finger eingeklappt, die rechte Hand mit Kurbelbewegung. *Ciao.* Kurz darauf biegen wir auf die Schnellstraße Rom – Ancona ein.

Grazie mille, lieber Giovanni!

Ausfahrt Jesi Centro. Mein Auto wartet brav im Schatten unter der Brücke. Giovanni holt die restlichen Trüffeln aus der Tasche, steckt sie in eine kleine Papiertüte, die er irgendwo zwischen den Geldscheinen und den Rechnungen in der Ablage findet. Heute Abend wird er mit der Ernte einige Freunde verwöhnen, schießt es mir durch den Kopf, ein gutes Viertelpfund ist in seiner Tüte. Da, die sind für dich. Nimm sie mit, putze sie und mache dir zu Hause in Bayern eine schöne *pasta all'uovo* und trinke einen kühlen Verdicchio dazu, sagt er. Die Trüffeln, die du nicht gleich verwenden möchtest, reibst du mit einer Käsereibe auf, tust sie in ein Glas mit Deckel und frierst sie ein. Sie halten monatelang. Da wird kaum etwas zum Einfrieren übrig bleiben, denke ich.
Ich nehme Abschied von Pippo und dem *avvocato.* Nimmst du mich wieder einmal mit? *Certo* – der linke kleine Finger und der Daumen spreizen sich, die andere Hand kurbelt.

Von guter Nachbarschaft

Unser Haus, das für uns von Anfang an ein Zuhause und kein Ferienhaus war, liegt an der Ortsgrenze von Monte San Vito, an der Via gioco liscio. Sie führt zum nächsten Ort, Morro d'Alba, fünf Kilometer entfernt. Hier hatte angeblich Friedrich Barbarossa im zwölften Jahrhundert sein Heerlager aufgeschlagen, als er Ancona und Jesi einige Monate lang belagerte. Begeistert soll er von dem örtlichen Wein, dem Vino Lacrima, gewesen sein; so steht es jedenfalls auf dem Etikett eines historisch gebildeten Herstellers. Die Lacrima-Traube ist blauschwarz und wird zu gleichen Teilen mit den Rebsorten Montepulciano und Sangiovese zu einem dunkelroten, duftigen Wein gemacht, der Zunge und Zähne blau färbt.

In idyllischer Unordnung

Innocenza und Paolo sind unsere Nachbarn. Sie und andere Einheimische geben uns das gute Gefühl, willkommen zu sein in Monte San Vito. Paolo ist Maurermeister, seit kurzem in Pension. Sie betreiben nebenbei, wie die meisten hier auf dem Lande, eine kleine Landwirtschaft. Innocenza ist eine ebenso gute wie leidenschaftliche Köchin und der Chef. Ein Glücksfall für zwei, respektive mit Tochter Marie-Theresa drei, in die italienische Küche vernarrte Bayern wie uns. Sie haben vier Schweine, die ausgewachsen je vier Zentner auf die Waage bringen. Im Januar werden sie beim ersten abnehmenden Mond geschlachtet, zerlegt und zu Würsten und Schinken verarbeitet. Das ist gleichzeitig das Startzeichen, den ersten der acht Schinken vom vergangenen Jahr anzuschneiden, denn ein Jahr hängen diese in der *cantina* und reifen vor sich hin. In idyllischer Unordnung laufen zehn Gänse, fünf Katzen, zwei Hunde, 15 Truthähne, zehn Perlhühner, jede Menge braune und weiße Hühner und ein zerzauster Hahn herum. Irgendwann hatte ich Innocenza von meiner Vorliebe für Kapaune erzählt; das sind »gezwickte Göckel«, kastrierte Hähnchen, die viel langsamer wachsen als ihre kompletten Zeitgenossen und dadurch ein festes, geschmackvolles Fleisch von höchster Qualität bekommen. Jedes Jahr kauft Innocenza nun fünf kleine Kapaune für uns. Im Herbst, gerade rechtzeitig zur Zeit der Herrentrüffeln, müssen sie bei einem Gewicht von vier bis fünf Kilogramm geschlachtet werden, da sie dann fast zu schwer zum Laufen sind. Carpaccio von poschierter Kapaunenbrust mit Olivenöl, Salz, Pfeffer und weißen Trüffeln ist eine königliche Vorspeise!

Innocenza weiß von meinem großen Traum, einmal einen Truthahn mit schwarzen Trüffeln, Peperoncini, Knoblauch, Salz und schwarzem Pfeffer zu füllen und im Ofen zu braten. In einem Juni wäre es fast soweit gewesen, als ich mit einer Tagesernte von an die zweieinhalb Kilogramm Trüffeln nach Hause kam. Aber die Truthähne waren noch nicht soweit. Vielleicht sollten wir doch besser zuerst mit einer Wachtel anfangen, gab ich zu bedenken. Das hat sich Innocenza gemerkt. Zwei Wochen später nimmt sie mich verschwörerisch beiseite und führt mich in eine Scheune, wo die landwirtschaftlichen Geräte stehen. Aufgeregtes Gepiepe dringt aus einer Kiste, in der 20 junge Wachteln hin und her sausen, keine größer als eine Walnuss. In ein paar Wochen werden wir die ersten Eier haben; und noch ein paar Wochen später die ersten Wachtelbrüstchen mit schwarzen Trüffeln in Portweinsauce auf unseren Tellern. Passende Vorspeise: Wachtelspiegeleier mit weißen Trüffeln - den Herrentrüffeln - auf geröstetem Weißbrot.

Ende November, während der Olivenernte und der Hochzeit der Herrentrüffel, esse ich bei Innocenza und Paolo zu Abend. Ich bin für ein paar Tage alleine in Monte San Vito und habe mich selbst eingeladen. Das geht so: Ich besuche Innocenza nach einem erfolgreichen Trüffelausritt und präsentiere die Ernte mit der Bemerkung: Ich weiß nicht recht, was ich nun mit den Trüffeln anfangen soll, weil ich doch alleine bin. Und schon bin ich eingeladen.

Ich sitze am Tisch mit Paolo und koste unseren neuen Wein, der nicht zu verachten ist und dessen Qualität wir uns beide immer wieder ausführlich bestätigen müssen. Irgend etwas piept andauernd. Ein Handy ist es nicht. Ich schaue mich in der Küche um. Innocenza bemerkt meine Unruhe und zeigt auf eine Schachtel neben dem Kamin. Sie hat zehn Truthahnküken gekauft, von denen zwei sehr klein sind. Diese beiden haben in Innocenzas Küche für die nächsten Wochen ein gutes Plätzchen gefunden, bevor sie zu den anderen in den Stall kommen.

In Innocenzas Garten gibt es Rucola, grünen und roten Salat, Melonen, Zucchini, kleine, lange und runde Tomaten, Kürbisse, wilden und normalen Fenchel und allerlei Kräuter. Im April geht sie in die Wälder in der Umgebung und sucht den wilden grünen Spargel, dessen getreidehalmgroße Triebe nur ein geübtes Auge erkennt. Mich wird sie dort allerdings nicht mehr antreffen; denn nach einer Bauernregel verschwinden die *bianchetti*, die Märztrüffeln, sobald der wilde Spargel sprießt. Auf den Wiesen und Feldern sucht sie ausgewählte Feldkräuter, die mit etwas Olivenöl einen aromatischen Salat geben. Neben dem Hauseingang steht ein Dutzend große Töpfe mit Aloe vera, die sie zu einer heilenden Salbe verarbeitet. Oliven von weit über hundert Bäumen von einer der wertvollsten Sorte, Raggia, liefern das beste Öl der Gegend. Hier gibt es nur beste Olivenöle. Einige der reifen schwarzen Oliven werden mit Meersalz, wildem Fenchel, Knoblauch und Orangenschalen in Einmachgläsern eingelegt und entwickeln sich nach zwei Monaten zu schrumpeligen, delikaten Früchten. Zu *antipasti,* aber auch zu Fleischgerichten sind sie eine würzige Gaumenfreude. Im Spätherbst werden Granatäpfel und noch später Kaki geerntet, die uns am besten schmecken, wenn sie am Baum den ersten Frost erwischt haben und fleckig sind.

Bauernwein und Tagliatelle, Tortellini, Ravioli, Passatelli

Paolo hat einen kleinen Weinberg. Jedes Jahr ergibt seine Ernte an die tausend Liter eines einfachen, kräftigen Bauernweins, eines *vino di contadini*. Pure Verschwendung wäre es, den rückständigen Trester als Dünger oder Tierfutter zu verwenden. Also macht er manchmal heimlich - ich sag nicht was - daraus.
Im Sommer erntet Innocenza Weichseln und setzt sie mit Zucker an. In einem Glas, das sechs Wochen in der Sonne steht, vergären die Früchte. Einige Tage nach der Weinernte wird der gezogene Weichselsaft in ein Fass geschüttet, und es wird im Verhältnis eins zu zwei der angegorene Most von roten Trauben dazugegeben und alle paar Tage eine Handvoll zerquetschter Trauben, damit der Gärprozess immer wieder angeregt wird. Ist nach einigen Wochen die zweite Gärung beendet, wird der Inhalt durch ein Leintuch gefiltert und der klare *vino di visciola*, der Weichselwein, wieder in das gereinigte Fass gefüllt. Weitere sechs Monate muss er reifen, bis wir einige *cantuccini*, das harte Mandelgebäck, in diesen würzigen Dessertwein tauchen und genießen dürfen.
In der blitzsauberen Küche von Innocenza sind alle wichtigen Geräte für die Pasta-Herstellung vorhanden. Hier wird der Teig für Eiernudeln wie Tagliatelle oder Papardelle handgewalkt, ausgewalzt, mit Maismehl bestreut - damit er, zu einer Roulade zusammengerollt, nicht zusammenklebt - und in beeindruckender Geschwindigkeit geschnitten; dann jede Schnitte in die Hand genommen, auseinandergewirbelt und zum Trocknen auf ein Tuch gelegt. Hier werden Ravioli und Tortellini in Kleinarbeit hergestellt und die nicht einfach zuzubereitenden Passatelli gemacht; eine schmackhafte Speise, etwa von der Konsistenz von Grießnockerln. Sie besteht aus Semmelbröseln, geriebenem Parmesankäse, Eiern, Mehl, Salz, Pfeffer und etwas Muskatnuss. Die Masse kommt in eine Handpresse mit Öffnungen vom Durchmesser eines Bleistiftes und wird in kochende, kräftige Hühner- oder Truthahnbrühe gedrückt. Schon als Suppeneinlage sind sie sehr gut - mit ein wenig Brühe, etwas Butter und weißen Trüffeln darübergehobelt einfach traumhaft!
Gelegentlich bringt Paolo direkt vom Fischkutter im Hafen von Ancona fangfrische Sardellen. Von jeder werden der Kopf, die Gräten und die Eingeweide entfernt. Die Hälfte der Fische wird in Essig und Zitrone mariniert und auf diese Weise nach drei Tagen zu *alici*; die andere Hälfte wird in Salz gelegt. Stolz zeigt mir Innocenza das Ergebnis, und ich darf sie auf einem Stückchen Weißbrot verkosten und mich begeistern; dann wird mir ein Gläschen Vino Lacrima dazugereicht.

Alles kommt auf den Tisch

Innocenza will uns etwas Ungewöhnliches auftischen. Etwas, das wir so noch nie gegessen haben, meint sie. Sie hat das Original etwas abgeändert, aber dafür muss ich eine Handvoll Trüffeln liefern. Kein Problem. Außer mir und Angela treffen noch drei Verwandte meiner Nachbarn zum Mittagessen ein, Maurizio, Ennea und Romualdo. In der Küche steht der Tisch, ohne Decke, blankgescheuert. Auf dem Herd ein großer Topf, dessen Inhalt Innocenza permanent umrührt. Daneben eine Pfanne, in der Stückchen einer großen *salsiccia*, einer pikant gewürzten, groben Schweinsmettwurst, braten und verführerisch duften. Innocenza nimmt die Pfanne zur Hand, bringt sie an den Tisch und legt mit einer Servierzange die Wurststücke in die Mitte der Tischplatte. Dann den Topf, in dem die Polenta eine Stunde gekocht hat und nun zuerst über die Wurststücke und dann daumendick über den Tisch verteilt wird. In einer kleinen Kasserolle ist eine Sauce aus Olivenöl, Knoblauch, Salz, schwarzem Pfeffer, etwas Brühe und einer guten Menge mit dem Reibeisen hineingeriebenen Trüffeln, die ich vorher abgeliefert habe. Die Sauce wird auf die Polenta geträufelt und viel Parmesankäse darübergerieben. Mit leuchtenden Augen, bereits um den Tisch herumsitzend und mit Gabeln bewaffnet, verfolgen alle Anwesenden diese Verrichtungen. Auf ihr Kommando *pronti via!* beginnt jeder mit einer Gabel sich von außen in Richtung Würste zu essen. Je näher wir zum Zentrum kommen, desto weniger Hunger haben wir, denn diese Speise sättigt sehr. Ein unterhaltsames Essen, das früher bei der armen Landbevölkerung sehr beliebt war; wenn auch mit Tomatensauce und nicht mit Trüffeln.

Innocenzas frisch geschnittene Tagliatelle

Von der Trüffelprüfung

Giuseppe Ceccarulli hat seinen schwarzen Anzug angezogen. Immer zu besonderen Anlässen wird das einzige gute Stück aus dem Schrank geholt. Darunter trägt er das weiße Hemd mit den langen, sich nach oben drehenden Kragenspitzen; dazwischen der viel zu große, schiefe Knoten der grob graugemusterten Krawatte, die auf halber Höhe in der dunkelroten Strickweste verschwindet. Darüber das kleine, faltendurchfurchte Gesicht, die dünnen, grauen Haare sind mit Pomade behandelt und streng nach hinten gekämmt.

Immer schon wollte Giuseppe Trüffeln suchen. Als er als Rangierer bei den *ferrovie italiane*, der staatlichen Eisenbahngesellschaft, beschäftigt war, hatte er keine Zeit, dann keinen Hund; schließlich, als er mit Sechzig aus gesundheitlichen Gründen zum *pensionato* wurde, keinen *tesserino*, die staatliche Berechtigung zum Trüffelsuchen. Ein paarmal hat ihn ein Freund zur Trüffelsuche mitgenommen. Das war eine große Ausnahme, denn Trüffelsucher nehmen fast nie jemanden mit, schon gar nicht Leute aus der Gegend. Darauf achten auch die Kollegen sehr. Von diesem Freund hat er den zweijährigen, weiß-braun gescheckten Rüden bekommen, Ricci, eine Kreuzung aus Spaniel, Bracke und Pointer.

Ricci beginnt schon zu begreifen, um was es geht, scharrt manchmal im Boden. Gefunden hat er aber noch nichts. Jetzt soll es richtig losgehen. Die Erlaubnis soll jetzt her. Giuseppe hat den Antrag gestellt und mit viel Mühe wieder und wieder das Buch mit den Prüfungsfragen gelesen. Wort für Wort, Seite für Seite. Andrea, sein jüngster Sohn, hat ihn heute morgen die 15 Kilometer von Castello di Precicchie nach Fabriano gebracht; denn Giuseppe war zu aufgeregt, die Strecke mit seiner hellblauen 50 Kubikzentimeter Ape, für die kein Führerschein verlangt wird, selbst zu fahren.

Wir stehen in dem engen Gang des schmucklosen Betongebäudes, 30 Männer, junge und alte. Giuseppe schaut mit unruhigem Blick immer wieder von einem zum anderen. Alle sind sie größer als er. Er hat sich schon vor langer Zeit damit abgefunden, mit seinen 155 Zentimetern immer zu den anderen aufsehen zu müssen. Sein Sohn Andrea steht, gelangweilt an die Wand gelehnt, in diesem dunklen Gang in der ersten Etage der Comunità montana Val d'Esino – Frasassi in Fabriano. Hier ist der Sitz der Vereinigung der Berggemeinden, die bei der Jagd und für das Pilz- und Trüffelsuchen weitreichende autonome Zuständigkeiten hat. Andrea, etwa zwanzig Jahre alt, ist mit einer »we are the champions«-Baseballkappe und cooler, verspiegelter Rundumsonnenbrille ausgestattet. Ein dicker Schlüsselbund baumelt wichtig an der rechten Hosentasche, in der linken Hand hält er das obligatorische *telefonino*.

Wann geht's denn endlich los? In der Ladung stand halb zehn. Doch von der Prüfungskommission ist noch niemand da.

Jemand kommt die Treppe hoch, eine Aktentasche in der Hand. Alle stehen stramm, geben sich ehrfürchtig und lassen den Herrn im grauen Büroanzug durch. Er könnte ja von der Kommission sein. Giuseppes Augen gehen unruhig hin und her, er wischt sich mit einem weißen Taschentuch immer wieder die Stirn und schnieft dabei. Was ist denn los, bist du krank? Nein, schrecklich nervös. Er kann schon seit Tagen nicht mehr schlafen. Es ist der zweite Anlauf. *Tuber aestivum, tuber melanosporum, tuber magnatum Vittadini, tuber...*, es waren doch sieben Trüffelsorten – oder? Von allen Seiten wird die unvollständige Liste ergänzt – mit botanischen, aber auch mit den vulgo-Bezeichnungen. Und der *tuber marzuolo* darf doch vom 1. März bis 15. April gesucht werden? Nein, bis zum 30. April. Tatsächlich? Und der *melanosporum* ab dem 15. Dezember? Aber nur bis zum 15. Januar. Aber es gibt doch sechs Untersorten des *marzuolo*, oder?

Die Kommission

Giuseppe kann nicht mehr ruhig stehen. Wieder kommt jemand die Treppe herauf. Wieder stehen alle ehrfürchtig stramm und lassen dieses Mal drei Herren in Anzug und Krawatte durch. Sie verschwinden ohne ein Wort in den Raum am Ende des Ganges. Nach geraumer Zeit öffnet sich die Türe, und einer der drei Ankömmlinge, weißhaarig und mit schmaler Goldrandbrille, fordert uns wortlos mit einer Handbewegung zum Eintritt in den Prüfungsraum auf. An der Stirnseite des Raumes steht ein Podest mit langem Tisch wie bei Gericht, an dem zwei Kommissionsmitglieder bereits Platz genommen haben. Der mit der schmalen Goldrandbrille sitzt jetzt zwischen den beiden anderen Herren auf einem Stuhl mit erhöhter Lehne. Es ist halb elf. Klopfgeräusche. Die Tür wird ein wenig geöffnet, ein Kopf taucht auf. *Scusi.* Die Tür geht ganz auf, und zwei weitere Kommissionsmitglieder treten ein, entschuldigen sich wegen der Verspätung beim *presidente*. Die *superstrada* Ancona – Rom war wieder dicht; wie immer. Und dann noch die Bahnschranke!
Der *presidente* heißt uns in den Stuhlreihen im hinteren Teil des Prüfungsraumes Platz zu nehmen und zuzuhören: Ihr seid gekommen, um diese Prüfung zu machen. Ich hoffe, ihr habt alles gelernt, was in dem Buch über die Trüffelsuche steht. Es ist zwar nicht mehr ganz aktuell, aber das meiste stimmt noch. Ein paar Daten haben sich geändert. Den *tuber melanosporum* könnt ihr jetzt schon ab dem 1. Dezember suchen. Und noch so ein paar Dinge. Unruhe macht sich breit. Welche Dinge? Dafür haben wir jetzt keine Zeit mehr, meint genervt der *presidente*. Und es ändert sich sowieso immer wieder etwas. Wir kommen nun zur Prüfung. Zuerst kommen die Fragebogen. Ihr habt 30 Fragen, und ihr solltet immer aus drei Antworten die richtige ankreuzen. Wenn kein Name draufsteht, ist der Bogen ungültig.
Hektisch werden Erfahrungen ausgetauscht. Ich habe das Gefühl, alle kennen sich. Ich bin der einzige, der fremd ist; einsam. Nach einiger Zeit geselle ich mich zu einer der herumstehenden Gruppen, plaudere mit und stelle fest: Keiner kennt irgendwen. Sie sprechen fast alle kräftigen Dialekt, jeder den seines Ortes. Und der ändert sich alle paar Kilometer. Ich komme ins Gespräch. Mit meinem bayerischen Akzent falle ich gar nicht auf, und sehr deutsch sehe ich auch

nicht aus. Misstrauisch, aber durchaus interessiert versuchen sie, etwas über meine Herkunft herauszubekommen.
Da ist noch ein Kandidat mit Sonnenbrille. An die 25, lange schwarze Haare zu einem Pferdeschwanz zusammengebunden, schwarze Jeans, schwarzes T-Shirt mit dem Aufdruck 750 *anni santa casa di Loreto*. Das ist das Haus der Maria Muttergottes, das Engel im Mittelalter von Nazareth zunächst nach Dalmatien, dann auf den Monte Conero bei Ancona und schließlich unversehrt nach Loreto überführt haben. Heute der wichtigste Wallfahrtsort Italiens und Partnerstadt von Altötting. Er wird wohl vorsichtshalber eine Wallfahrt zur Madonna gemacht und eine Münze in den Automaten für das Kerzenlicht geworfen haben, das dann zehn Minuten lang brennt. »Wenn die mich fragen, wie groß die Sporen der weißen Trüffel sind – dann *buona notte*. Weißt du, was die uns fragen, wie das hier abläuft?« Ich habe keine Ahnung. Es war auch offenbar außer Giuseppe keiner da, der die Prüfung zum zweiten Mal machen wollte. War sie so einfach? Oder ist bei Nichtbestehen die Enttäuschung so groß, und die Trüffel werden lieber im Geschäft gekauft? Giuseppe müsste es wissen. Aber der ist nicht ansprechbar. Die haben die Prüfungen sehr erschwert, weil so viele Menschen Trüffeln suchen wollen. Bei diesen Preisen, die sie für die Trüffeln bekommen, kein Wunder. 16 Hunde wurden in dieser Saison schon vergiftet. Aber noch mehr Autos verkratzt und jede Menge Reifen zerstochen. Immer gleich zwei auf einmal. Und das irgendwo in den Bergen. Du hast das Auto an einem einsamen Weg abgestellt und kommst zurück. Zwei Reifen platt. Da vergeht dir das Trüffelsuchen schnell in so einer unfreundlichen Gegend.

Die Prüfung

Wir bekommen die Formulare für die schriftliche Prüfung. Immer eine Frage mit drei Antworten. Diese Fragen habe ich stur auswendig gelernt. Aber wie war das gleich wieder? Wer bestimmt, wer die Anzahl der neuen Zulassungen festlegt? Der Präsident der *Comunità montana?* Oder der Präfekt; oder war es die Provinz? Die Kommission diskutiert derweil ziemlich lautstark über das warme, feuchte Wetter. 25 Grad für Ende Oktober ist sehr warm. Verdammt. War jetzt der *tignosa verdognola,* botanisch auch als *amanita phalloides* bezeichnet, giftig oder nicht? Hier und da raunen sich die Sitznachbarn Fragen zu. Alle versuchen nervös, richtige Antworten aufzuschnappen. Einer zieht einen Spickzettel aus der Hose. Ich sitze in der ersten Reihe. Hinter mir erhebt sich ein Prüfungsteilnehmer, kommt vor und setzt sich neben mich. Beträgt die Strafe nun 200 Euro oder 300 Euro, wenn man zur unerlaubten Zeit Trüffel sucht? Kaum wahrnehmbar gebe ich zurück: 200 – 1000 Euro. Ich gebe meinen Prüfungsbogen nach 20 Minuten ab und habe ein gutes Gefühl. Giuseppe sitzt ganz alleine in der letzten Reihe. Am liebsten würde ich mich neben ihn setzen und ihm ein bisschen vorsagen. Nach einer guten Stunde werden die letzten Bögen eingesammelt. Alle laufen aufgeregt hin und her, lautstarke Diskussion, gestenreiche Fehler-

analysen, Zigaretten werden angezündet. Innerhalb weniger Minuten wird der Raum zur Räucherkammer.
Die Mitglieder der Kommission auf dem Podest stecken die Köpfe zusammen. An der Wand hinter ihnen hängen einige Bogenbilder mit historischen Gebäuden und Landschaften um Fabriano herum. Dottore Strologo, der zuständige Beamte von der Forstbehörde, erhebt sich Kaugummi kauend und hält eine Ansprache. Er klärt uns auf, wie alles abläuft. Nun sind die Personalausweise nach Aufruf der Namen abzugeben. Klaus Wilhelm Gérard hört sich neben Paolo Sanbatinelli und Federico Pulito gut an, und alle schauen zu mir her, als ich aufgerufen werde. Ziemlich stolz gebe ich meine blaue, auf Lebenszeit gültige, italienische Aufenthaltsgenehmigung ab. Dann werden wir in einen Nebenraum geschickt, denn die mündlichen Prüfungen sollen beginnen. Es ist schon fast ein Uhr.

Wir Prüflinge unterhalten uns über die besten Methoden, wie man Trüffelhunde ausbildet, über Trüffelgebiete und über die unerhörten Gewichte von gefundenen Trüffeln. Und jeder lügt wie gedruckt. Sag ja nicht, dass du einen Trüffelhund hast. Sonst glauben sie gleich, du hast schon schwarz gesucht. Das kann bis zu einer Million Lire kosten. Gespannte Stimmung rundum. Manche wischen sich die Stirn. Andere kauen an den Fingernägeln, kratzen sich am Kopf. Der schwarze Anzug mit Giuseppe sitzt apathisch auf einem Stuhl. Erfolgt der Aufruf nach dem Alphabet? Eines der Kommissionsmitglieder, ein kleiner, schmächtiger Beamter, so um die Fünfzig in grauem, zu großem Zweireiheranzug, die Krawatte bunt und breit und viel zu lang, ruft den Namen des Prüflings auf, der an der Reihe ist. Sein Gesicht ist auch lang und irgendwie traurig. Macht's die Durchfallquote bei der Trüffelprüfung? Er wird uns später bestimmt mitteilen, wir sollten besser beim nächsten Mal nochmals antreten. Nur wer die schriftliche Prüfung bestanden, also von den 30 Fragen 25 richtig beantwortet hat, wird mündlich geprüft.
Amici, Mario. Ivano Brandoni. Danach Secchi, Alberto. Einer von den Prüflingen ist 14, das ist das Mindestalter. Der eine oder andere der Geprüften kommt in unseren Raum zurück, um seine Jacke oder den Hut zu holen. Dann fallen alle über ihn her und wollen wissen, wie es war. Doch keiner erfährt Genaues. Jeder frischgebackene *trifolao* hat es unheimlich eilig und will nach Hause, um sich mit seinem Trüffelhund zu besprechen. Ich bin schließlich der dreiundzwanzigste, der von dem traurigen Zweireiher aufgerufen wird. Also zumindest die Schriftliche bestanden. Ich werde in den Prüfungsraum gewiesen. Die Kommission für die mündliche Prüfung besteht nun aus vier Leuten. Einer davon, wohl 40 Jahre alt, dicke Brille mit schwarzem Rand und Cäsarfrisur; alles nach vorne gekämmt und dann quer abgeschnitten. Das wurde allerdings vermutlich schon längere Zeit nicht mehr gemacht, was dem Herrn einen düsteren Gesichtsausdruck verleiht und den Kandidaten wenig Zuversicht gibt. Dottore Strologo, drahtig, weißhaarig hochgewachsen, an die Sechzig, sieht verschmitzt in die Runde. Was hat das zu bedeuten. Ist es Schadenfreude? Unentwegt kaut er Kaugummi. Dann noch der Traurige und ein weiterer, freundlich blickender, gar nicht italienisch

aussehender Herr, der Provinzminister für Landwirtschaft. Der *presidente* ist schon nach Hause gefahren. Es könnte ja ein Stau auf der *superstrada* sein.

Bestanden!

Der Cäsar will wissen, wo ich wohne. In Monte San Vito. Sie sind aber ursprünglich nicht von hier? Nein, ich komme aus Bayern, in der Nähe von München. Ich war mit meinem Sohn und mit Freunden im letzten Jahr auf dem Oktoberfest, *quanta gente, quanta birra,* so viele Leute, so viel Bier! Warum wollen Sie die Prüfung machen? Wollen Sie mit Trüffeln handeln? Nein, mein Interesse ist nur privat und kulinarisch. Haben Sie auch Grund am Haus, mischt sich unentwegt kauend Signor Strologo ein. Ja, ein bisschen. Ein bisschen Wein, ein paar Oliven. Gibt es im Weinberg vielleicht auch Trüffeln? Ich denke nicht. Könnten Sie in einem Weinberg nach Trüffeln suchen? Achtung eine Falle – schießt es mir durch den Kopf. Wie war das? Nur in Wäldern und nicht bewirtschafteten Flächen. Nein! Ein mildes Grinsen. Der Trick hat nicht funktioniert. Haben Sie einen Hund? meldet sich der Minister. Denkste. Noch nicht, aber ich bekomme einen Welpen von einem Freund, wenn ich die Prüfung habe. Und dann gehen Sie mit dem Hund auf Suche, fragt der traurige Zweireiher. Oder mit einem Schwein. Achtung! Natürlich nur mit einem Hund. In den Marken ist es seit 1982 verboten, mit Schweinen Trüffeln zu suchen, da sie zu große Schäden anrichten. Noch ein paar sachliche Fragen über die verschiedenen Trüffelsorten, die erlaubten Suchzeiten, über den giftigen *balsamia vulgaris Vittadini*, im Dialekt bekannt unter *tartufo rosso* oder *russo*, über Hundehaltung und über die Höhe der Geldstrafen bei Verstößen. Bestanden! Dottore Strologo und die anderen schütteln mir die Hand, und ich bekomme meine Aufenthaltsgenehmigung zurück. Kann ich den Trüffelschein gleich mitnehmen? Oh, das Prüfungsergebnis muss erst noch bearbeitet und der *tesserino* ausgestellt werden. Rufen Sie mich in vier, fünf Wochen an. Ich werde ihm dann eine Packung mit besonders scharfem Kaugummi mitbringen.

Vier Uhr nachmittags ist es mittlerweile. Ich hole meine Jacke aus dem Nebenraum, und da sitzen noch immer sieben meiner Kollegen. Stumm wie arme Sünder, darunter Giuseppe und der mit dem Pferdeschwanz. Sohn Andrea steht am Fenster und pfeift eine Melodie vor sich hin. Hinter mir tritt der Traurige in den Raum. *Mi dispiace, signori.* Die Prüfung ist zu Ende. War leider nichts. Und vergessen Sie den Anmeldetermin im nächsten Jahr nicht. Ziemlich stolz auf mich verlasse ich den Raum. Giuseppe tut mir leid, er ist käseweiß, und Andrea verdreht die Augen. So werden Wilderer gemacht.

So einfach geht's nun auch wieder nicht

Fünf Wochen später rufe ich Dottore Strologo an, es ist Anfang Dezember. Der *tesserino* ist fertig, Sie können ihn hier in Ancona in meinem Büro in der Provinzverwaltung abholen. Zahlen Sie aber vorher bei der Post 110 Euro auf unser Konto ein, und bringen Sie den Zahlungsbeleg mit. Kann ich heute Nachmittag bei Ihnen vorbeikommen? *Certo*, aber dann gilt die Zahlung für dieses Jahr, und im Januar müssen sie dann wieder neu bezahlen. Aus reinem Geiz lasse ich den Dezember ins Land gehen. Zweiter Januar. Ich fahre nach Ancona und frage mich zu Dottore Strologo durch. Er sitzt Kaugummi kauend hinter einem mit Akten belagerten Tisch, vor sich eine Mappe, in der ich den grünen *tesserino* mit meinem Passfoto liegen sehe. Aufregend, so kurz vor dem Ziel. Ich lege meine Aufenthaltsgenehmigung und meinen deutschen Personalausweis vor. Gleich ist es soweit, dann gehört er mir! Strologo sieht auf die Ausweise, dann mich an. Er kaut sichtbar langsamer. Ich brauche einen Nachweis. Einen Nachweis darüber, dass Sie der sind, der in den Dokumenten steht. Sie bekommen ihn bei Ihrer Gemeinde. Wenn Sie diesen Nachweis vorlegen, haben Sie den Ausweis.
Also fahre ich wieder nach Monte San Vito und gehe am nächsten Tag, einem Donnerstag, zum Einwohnermeldeamt, das natürlich geschlossen ist. Am Tag darauf habe ich Glück und erkläre als einziger Besucher der zuständigen Dame im Einwohnermeldeamt meinen Wunsch, ein Dokument zu bekommen, aus dem hervorgeht, dass ich ich bin. Gehen Sie in das *tabacchi sali,* und holen Sie *un bollo*, eine Gebührenmarke für 20 Euro, und bringen Sie zwei aktuelle Passfotos mit freiem rechten Ohr mit. Ich fahre schnell nach Hause, da waren vom Viererset meiner letzten Fotositzung noch zwei Fotos mit gut sichtbarem rechten Ohr übrig; dann zum *tabacchi,* in dem es neben Tabakwaren, Salz, Briefmarken, Losen, Zündhölzern und Beileidskarten auch Gebührenmarken gibt, und wieder zum Einwohnermeldeamt.
Dort warten vier Personen auf ihre Abfertigung. Eine ältere Dame bespricht gerade ausführlich mit meiner Dokumentendame, wie sie die Läuse von ihren Rosen erfolgreich vertreibt, und bekommt nebenbei den Fragebogen für die Volkszählung erklärt. Der Herr im grauen Anzug hat auch ein paar Fragen zur Zählung und entpuppt sich schließlich als der Versicherungsvertreter, bei dem die Sachbearbeiterin ihren Cinquecento versichert und damit kürzlich eine kleine Havarie hatte. Das lässt sich nicht einfach mit ein paar Sätzen erledigen, zudem die Signora keinerlei Schuld traf. Nachdem sie mit der Erläuterung einiger Hausmittel für die bevorstehenden Kinderkrankheiten ihrer Nichte Eleonora, der Tochter meiner Verbindungsdame, fertig ist und das Formular für die diesjährige Immobiliensteuer eingepackt hat, werden meine Fotos und der *bollo* auf die dafür vorgesehenen Stellen geklebt, mit zwei Stempeln versehen, meine Unterschrift gefordert und von mir nochmals 10 Euro Gebühren in bar kassiert. Endlich steht amtlich fest: Ich bin ich!

Am Nachmittag fahre ich erneut nach Ancona und suche Dottore Strologo auf. Leider habe ich den Kaugummi vergessen! Strologo sitzt wieder hinter seinen Aktenbergen, wieder meine Mappe vor sich. Ich sehe wieder meinen *tesserino* und lege das Ich-bin-ich-Dokument vor. Vorsichtig frage ich, ob alles in Ordnung ist, ob ich etwas zu bezahlen hätte, unterschreiben müsste, ob vielleicht ein kleines Dokument oder Stempelchen fehlen würde. Strologo kaut und gibt mir grinsend den *tesserino*. So einfach ist das. Schade, dass der Ausweis ein Leben lang gilt und nicht jedes Jahr verlängert werden muss!

Ich bin in Bayern. Ein Jahr später. Es ist Februar. Am Telefon Dottore Strologo. Signor Clauss-e, wir haben ein Problem: Sie haben die Gebühr für dieses Jahr am 30. Dezember eingezahlt, also wird sie für das letzte Jahr verbucht. – O nein, das habe ich ganz vergessen! – Sie müssten eigentlich nochmals bezahlen, fährt Strologo fort, aber dann rät er mir, den Zahlungsbeleg vom letzten Jahr, der für dieses Jahr gedacht war, an meinen *tesserino* zu heften und den Fall zu erklären, wenn ich von der *guardia forestale* kontrolliert werde.
Viva Italia!

Von der Spezies Trüffelsucher

Trüffelmärkte sind mehr als Handelsplätze und werden von Trüffelsuchern gerne besucht, auch wenn nicht jeder von ihnen Trüffeln zum Verkauf anbietet. Man trifft sich, tauscht Neuigkeiten aus und macht sich ein Bild über die Lage auf dem örtlichen Trüffelmarkt. Für den in seiner Heimat verwurzelten Landmenschen ist es eine nahezu unglaubliche Vorstellung, außerhalb der Sichtweite des eigenen Kirchturms gäbe es überhaupt ein Leben; und wenn es eines gäbe, dann kann es keines sein. Das kommt den Bayern doch bekannt vor. In *Roma, Parigi* oder *Niu Yorka*, da gibt es schon Menschen, die irgendwelche wichtigen Dinge tun, aber das ist so weit weg von der Wirklichkeit.
Nicht jeder, der sich auf dem Markt herumtreibt und wie ein Trüffelsucher aussieht, ist einer. Manch einer hat kurz vorher noch ein paar Trüffeln gekauft, in eine alte Papiertüte eingewickelt und in die Tasche seines großkarierten, abgewetzten Sakkos gesteckt. Ein paar Euro bleiben dann immer übrig, wenn der *straniero*, der Ausländer, glaubt, einen besonders günstigen Direktkauf getätigt zu haben.

Charaktergesichter unter Schiebermützen

Trüffelsucher sind meist kleine, hagere alte Männer mit durchfurchten Charaktergesichtern, großer Brille und Schiebermütze. Einen habe ich kennengelernt, der hatte wirklich nur einen Zahn oben in der Mitte. Er hatte ein gewinnendes, breites Lachen. Trüffelsucher geben sich Fremden gegenüber eher etwas abweisend, womit sie zeigen, sie kennen sich aus und niemand kann ihnen etwas vormachen. In Gruppen von vier oder fünf stehen sie zusammen. Ein Thema jedoch ist tabu und wird niemals, wirklich niemals angeschnitten: Trüffelplätze. Nicht ein einziges Mal würde es einem Trüffelsucher einfallen, danach zu fragen. Sie sprechen über dieses verdammt schlechte Jahr und dass alles viel später dran ist als früher. Aber trotzdem sind die Preise unverschämt. Habt ihr gehört, was in Deutschland für ein Kilo *bianchi pregiati* verlangt wird? Halsabschneider, diese Aufkäufer, die mit den Importeuren und der Mafia unter einer Decke stecken. Und dann mischen sie minderwertige Trüffeln, die von weiß Gott woher kommen, unter die hervorragende Ware, die von ordentlichen Trüffelsuchern abgeliefert wird. Alles Betrüger. Die ganze Welt ist verdorben. Die Renten werden auch wieder gekürzt. Und der Präsident ist korrupt. Wie auch die ganze Regierung – Betrüger! Früher war das nicht so.

Von einem Profi irgend etwas zu erfahren, was einem Trüffelanfänger weiterhelfen könnte, ist unmöglich. Eher würde der Teufel zum Beichten gehen, sagt Pino Candelarsi, der von Kindesbeinen an Trüffelsucher ist und in den sechziger Jahren als Gastarbeiter in Deutschland gearbeitet hat. Mit seinen paar Worten

Deutsch zeigt er sich offener als seine Kollegen. Nein, mitnehmen würde er nie jemanden, auch keinen Ausländer. Aber erfreulich ist es schon, wenn die *tedeschi* die Preise so versauen.

Und dabei wäre es so einfach

Wer beschlossen hat, Trüffelsucher zu werden, nimmt erst einmal alle Prüfungen, Behördengänge und Gebühren auf sich, um den *tesserino* zu erwerben. Den Trüffelhund mit Stammbaum hat er meist schon längst von irgendeinem Schwager, von einem *amico,* der einen kannte, der wusste, wessen Nachbar einen Trüffelhund verkauft.
Wenn der *tesserino* endlich erworben ist, ist der Hund zwar mittlerweile restlos verzogen, aber jetzt geht's endlich los. Du kaufst dir eine *vanghetta*, eine Art Lanze, die du beim Graben brauchst, holst die älteste Hose mit vielen Taschen, einen abgewetzten Pulli und eine verbeulte Jacke aus dem Faschingsfundus, setzt eine alte Kappe und eine besonders ernste Miene auf. Und dann ab in die Wälder und durch die Auen! Da – eine Trüffelstelle wie im Bilderbuch! Der Rüde verfolgt unter deinen anfeuernden Kommandos wie entfesselt die erste Spur, schnüffelt und verschluckt sich fast dabei – du hast schon die Belohnung in der Rechten – und pinkelt an den ersten ernstzunehmenden Baum. Das geht so weiter – schließlich tropfenweise –, und nach zwei Stunden bist du fix und fertig, denn der Hund läuft immer noch den Hang hinauf – du hinterher –, wieder herunter – du hinterher. Er scharrt kein einziges Mal, wie ein Trüffelhund eigentlich zu scharren hätte – allenfalls hin und wieder symbolisch sein Häufchen weg. Nichts – nichts – nichts! Also schnell zurückfahren, im Feinkostgeschäft im Städtchen ein paar Trüffeln gekauft und ein paar malerische, schwer zugängliche Fundstellenbeschreibungen ausgedacht, damit die »Mitesser« auch verstehen, wie schwierig Trüffelsuchen ist.

Und so war's wirklich

Als ich mich nach einigen Jahren Trüffelsuche mit Giovanni und Pippo dazu entschloss, einen eigenen Hund halten zu wollen, habe ich einen heißen Tipp für einen guten Hund erhalten. Über meinen Nachbarn Paolo und zahlreiche Ecken geriet ich an Franco, der Trüffelsucher und Hundezüchter ist. Franco hatte drei Hunde, einen davon wollte er verkaufen. In den wuscheligen Attila mit den treuen Augen hat sich die ganze Familie sofort verliebt. Ich konnte gar nicht anders. Wenn du nicht in Italien bist, kannst du ihn zu mir bringen, bot Franco mir an. Dieser Hund sucht recht gut, folgt und bellt nicht. Das kann jeder sagen, gebe ich zu bedenken. Also gut, ich gebe dir den Hund für zwei Monate. Wenn er dir gefällt, behältst du ihn, wenn nicht, bringst du ihn wieder zurück. Über die Finanzen werden wir uns schon einig.

Bevor ich mich endgültig für Attila entscheiden würde, wollte ich mit ihm ein paar Trüffeln suchen, noch lieber – finden. Franco grinste. Also gut – ich komme morgen mit dem Hund zu dir, und dann fahren wir dorthin, wo du dich auskennst. Meinst du nicht, lieber Franco, es wäre besser, wir würden dort hinfahren, wo sich der Hund auskennt? Stirnrunzelnd und nicht sehr begeistert lenkte Franco ein, und so lernte ich am nächsten Tag zwei mir noch nicht bekannte *tartufaie* kennen, auch wenn es in diesem Sommer so verdammt wenige Trüffeln gab.

Es war wohl Sympathie, die Franco dazu veranlasst hat, ein paar Geheimnisse preiszugeben. Aber auch Neugierde auf den *tedesco* oder *bavarese*, den er schwer einschätzen konnte und der ja doch schon einige Trüffelgebiete gut kannte. Traf ich einen Kollegen in den Bergen, wurde mir anfänglich Misstrauen entgegengebracht, das auch Franco zu spüren bekam. Man konnte nicht verstehen, was einen ernsthaften *trifolao* oder *tartufaro* dazu treibt, einem Fremden zu trauen.

Über die Jahre habe ich gelernt, zu welcher Zeit, in welcher Woche in welchem Gebiet, an welchem Baum oder Strauch welche Trüffelart zu finden ist. Je nach den Witterungsverhältnissen kann sich die Reifezeit der Trüffeln nach vorne oder hinten verschieben. Manche Trüffelfundstellen bringen im Jahr darauf gar keine Ernte. Das geschieht durch Auserntung durch zu viele Trüffelsucher oder durch Wildschweine, aber auch durch Veränderungen der Bodenverhältnisse, beispielsweise nach einem Waldbrand oder nach einem besonders trockenen oder besonders nassen Jahr.

Tartufaia controllata

Wer den *tesserino* für die Trüffelsuche hat, kann überall, auch auf privaten, nicht eingezäunten und nicht kultivierten Grundstücken, Trüffeln suchen. Ausnahmen sind sogenannte *tartufaie controllate*, das sind von der Forstbehörde deklarierte, geschützte Trüffelgebiete, in denen nur von ortsansässigen Trüffelsuchern mit einer besonderen Genehmigung Trüffeln gesucht werden dürfen. Interessenten müssen sich bei der Behörde bewerben. Die Genehmigungen werden im Lotterieverfahren für jeweils sechs Wochen erteilt. Viele Trüffelsucher gehen mit zwei oder mehreren Hunden auf die Suche; in den mit Schildern gekennzeichneten *tartufaie controllate* darf nur ein Hund mitgenommen werden, zusätzlich allenfalls ein Hund in Ausbildung, der jünger als ein Jahr ist. Mein Freund Giovanni hat mir irgendwann einmal eine *tartufaia* in den Bergen bei Poggio San Romualdo gezeigt. Wir haben dort bis zu den Schildern Trüffeln gesucht und nicht wenig gefunden. Irgendwann habe ich beim Bürgermeister des Ortes angerufen und gefragt, was ich machen muss, um die *tartufaia* betreten zu dürfen. Er hat mich an die *Comunità montana* verwiesen, die zuständige Vereinigung der Bergdörfer. Ich habe dem *presidente* einen Besuch abgestattet und mein nichtkommerzielles Interesse an den Trüffeln glaubhaft darlegen können. Daraufhin erhielt ich

»ehrenhalber« für sechs Wochen die Genehmigung. Ehrenhalber heißt ohne Kosten. Und das bedeutet etwas in Italien. Giovanni und Franco konnten es gar nicht glauben. Regelmäßig sende ich nun meine Publikationen über Trüffel an den *presidente*. Und hin und wieder bringe ich Andechser Bier vorbei. Und so bin ich jedes Jahr bei der Ziehung der Genehmigungen dabei.
Franco hat einen neuen Platz für Périgord-Trüffel *(tuber melanosporum)* entdeckt. Das war wohl früher eine *tartufaia controllata*; inzwischen ist aber nichts mehr eingezäunt, und es sind auch keine Schilder zu sehen, meint Franco und grinst. Zum Beweis drückt er mir drei schöne Exemplare in die Hand. Ein Traum, mit dem ich am Abend Rinderfilet zu Ehren Rossinis und nach seiner Art zubereite. Der Komponist und Feinschmecker lebte schließlich hier in dieser Gegend.
Ein paar Tage später fahren Franco und ich zusammen an die Fundstelle und kommen mit einer guten Ernte nach Hause. Als ich zwei Wochen später dort alleine einen Besuch mache, sehe ich ein an eine knorrige Eiche genageltes, halb zerbrochenes Schild, auf dem gerade noch *tartufaia contr...* zu lesen ist. Das muss uralt sein, andere Schilder kann ich nicht sehen. Attila scharrt zum dritten Mal, hat schon zwei duftende Trüffeln gefangen. Da ertönt ein Schrei. Ich schaue mich um und sehe am Ende des Gebietes, das nur spärlich mit kleinen Eichen und Ginsterbüschen bewachsen ist, einen Menschen, der wild mit den Armen fuchtelt und irgend etwas zu mir herüberschreit. Also ist das hier doch ein geschütztes Gebiet.
Ich pfeife Attila zu mir und ergreife das Hasenpanier. Ich muss mich nicht unbedingt mit einem Einheimischen anlegen. Auch wenn dieses Gebiet nicht gesetzmäßig gekennzeichnet und auch nicht eingezäunt ist. Es geht bergauf bis zum Punto, den wir mittlerweile gegen den braven Fiat Uno eingetauscht haben. Ich müsste ihn gerade noch rechtzeitig erreichen, meine ich. Attila verstaut und nichts wie weg. Zu spät, es kommt mit Vollgas ein grüner Allrad auf mich zu. Vorsichtshalber winke ich ihm freundlich zu, kann ja nicht schaden. Er hält, der Fahrer steigt aus, an die sechzig Jahre alt, etwas kleiner als ich, Gott sei Dank. Er sagt irgend etwas in einem schwer verständlichen berglerischen Dialekt zu mir. Ich verstehe rein gar nichts und frage ihn, was er will; in sauberem Italienisch. Das bringt ihn etwas aus der Fassung, und er hört mir sogar einen Moment zu. Nun weist er mich auf meine Unverschämtheit hin, in einer *tartufaia controllata* Trüffeln zu suchen. Ich versichere, kein Schild gesehen zu haben und auch keinen Zaun. Das ist ihm egal, er wird mich jedenfalls anzeigen. Das geht eine Weile so weiter, bis er wissen will, woher ich komme. Aus *Monaco di Baviera*, aus München. Das bringt ihn vollends aus der Fassung. Ich versichere ihm, nicht mit Trüffeln zu handeln, sondern ausschließlich wissenschaftliches Interesse daran zu haben. Er ist plötzlich wie verwandelt, erzählt mir von seinen jährlichen Besuchen auf dem Oktoberfest, von *la birra* di Paulaner und Augustiner, von den *stinchi di maiale con crauti*, den Schweinshax'n mit Kraut, und dem *pane salato*, den Brez'n. Er liebt das alles so sehr. Er isst immer die Spezialitäten des Landes. Nicht wie die anderen Italiener, die im Ausland immer nur Pasta und Pizza essen. Gut, ich bringe nächstes Mal ein paar Flaschen Bier vorbei, *d'accordo*?

In Ordnung. *Siamo amici*, wir sind Freunde. Er gibt mir seine Handynummer, und ich fahre mit meinen zwei Trüffeln los, um Franco schnellstens zu warnen.

Männersache

Ich kenne keine einzige Frau, die auf die Trüffelsuche geht. Womöglich hat das damit zu tun, dass traditionell immer nur der Mann auf die Jagd ging. Es würde einer Frau der alten Generation in Italien auf dem Lande nie einfallen, auf die Jagd zu gehen oder in die Bar. Pilze sucht sie durchaus, weil das ohne die männlichen weidmännischen Attribute Hund und Waffe stattfindet. Wenn Angela ab und zu mit mir auf Trüffelsuche geht und wir einen Kollegen treffen, bemerke ich bei ihm Verunsicherung, ja Verärgerung. Ist eine Frau nicht stark genug, mutig genug, alleine in Wäldern und Fluren umherzustreifen? Kann sie mit Hunden nicht richtig umgehen? Mangelt es Frauen an der nötigen Verschwiegenheit, die zur Grundausstattung eines *tartufaio* gehört? Oder wollen Trüffelsucher es wegen der angeblichen potenzfördernden Wirkung nicht den Frauen überlassen, ob gefundene Trüffeln auf den Speisezettel gesetzt werden oder nicht?

In der Bar im nächsten Ort treffen sich vor dem Mittagessen einige *vecchietti*, Rentner, die meisten kenne ich vom Sehen. Sie sprechen harten Dialekt und verschlucken gerne die letzte Silbe. So wird der Paolo zum Pà und mamma Teresa hinter der Bar zu Terääh. Und statt zum Essen, zum *mangiare*, geht man zum *mannjà*. Wenn sich die Alten unterhalten, kommt manchmal das Gespräch auf das Thema Trüffeln. Dem Neffen des einen haben sie einen Hund vergiftet, den Onkel von dem anderen hat letztes Jahr eine Viper gebissen, er konnte gerade noch gerettet werden. Und der Bruder geht hinter dem Monte San Vicino auf die Suche nach Sommertrüffeln. In die Wälder des Monte Fiascone geht er nicht mehr, da sich dort ein Verbrecher herumtreibt, der vergiftete Fleischbällchen auslegt. Der Wahrheitsgehalt dieser Rentnergeschichten ist nicht sehr hoch, doch wenig Information ist besser als gar keine.

Ab und zu treffe ich einen Kollegen im Wald. Von den wenigsten kenne ich die Namen, aber die der Hunde, nach denen sie rufen, kenne ich alle. Und ihre Autos. Aber zuerst kommt der Hund. Er wird von Attila distanziert höflich, wenn es eine Hündin ist, aufdringlich und freudig begrüßt. Schließlich taucht ein Kollege in Tarnkleidung auf. Große Begeisterung ist auf keiner Seite zu bemerken. Kurzer, kühler Gruß. Na, wie geht's. Nichts zu holen. Ganz schlechtes Jahr. Ich habe die Taschen voller Trüffeln und jammere, weil die Trüffeln hier in dieser Gegend immer weniger werden. Der Trüffelduft ist verräterisch. Wahrscheinlich hat auch er die Taschen voll, und der Duft stammt von seinen. Dann trennen wir uns, jeder geht dorthin, wo der andere hergekommen ist. Ich frage schon lange nicht mehr, wo er sie gefunden hat, und falle auch nicht mehr auf faule Tipps herein.

Von neuen Trüffelplätzen

Es war ein großes Glück für mich, Freunde wie Giovanni und Franco zu finden. Schließlich muss ich für beide zunächst, gelinde gesagt, ein Exot gewesen sein: ein Mann aus Deutschland, aus Bayern, mit einem französischen Namen, noch nicht pensioniert, der aber trotzdem Zeit hat und sich sehr intensiv für Trüffeln interessiert, eine Leidenschaft, die die beiden mit mir teilen. Von ihnen bekam ich alle Informationen, die ein Trüffelsucher sonst niemals preisgibt. Giovanni vermutet bis heute noch irgendein großes lukratives Geschäft hinter meinen Trüffelaktivitäten. Franco hat sehr wohl und sehr schnell verstanden, um was es mir geht. Ich möchte in der Natur sein, mit Hunden zu tun haben, nette Leute kennenlernen, gut essen und trinken, Trüffeln finden und möglichst alles über dieses Thema lernen und verstehen. Ohne jeden finanziellen Hintergedanken.
Nur mit Giovannis und Francos Unterstützung konnte ich den *tesserino per la ricerca dei tartufi* machen, einen Hund kaufen und bald alleine auf Trüffelsuche gehen. Ich wurde in die Sippschaft der Trüffelsucher eingeführt, die den *straniero*, den Ausländer, bald akzeptierte.

Verdächtige Autos

Während der Saison fahre ich zu den mir bekannten Trüffelplätzen, in Wälder und Schluchten. In einer Bar in den Bergen trinke ich einen *caffè*, unterhalte mich mit den Einheimischen, meist sind es Rentner. Immer wieder bekomme ich einen Tipp für eine *tartufaia*, manchmal werde ich auch schlicht angelogen.
Wenn ich ein verdächtiges Auto sehe, beschatte ich es gelegentlich. Verdächtige Autos sind kleine Autos, wie Fiat Pandas und Unos, ungepflegt, mit Beulen und Kratzern. Saubere, neuere Allradfahrzeuge sind unverdächtig, denn das sind Jäger. Obwohl auch auf diese achtzugeben ist. Zur Jagdsaison sind sie am Wochenende massenweise unterwegs, bestens ausgerüstet, oft zehn, zwanzig Mann, die dann einen Hasen erlegen und untereinander aufteilen. Verständlich, wenn bei der Aussicht auf alles geschossen wird, was sich im Wald bewegt. Sehe ich diese Fahrzeuge, muss ich erst gar keinen Knall von einem Gewehr hören, um lieber die Flucht zu ergreifen. Samstags und sonntags gehe ich kaum mehr zum Trüffelsuchen, auch weil an diesen Tagen mehr Trüffelkollegen unterwegs sind als unter der Woche.

Täuschen und Tarnen

Es kommt mir ein schmutziger, verbeulter Fiat Panda entgegen, hinter dem Steuer ein durchfurchtes Gesicht mit verbeultem Hut oder Militärkappe. Durch das angelaufene, hintere Seitenfenster sehe ich gerade noch eine wedelnde Schwanzspitze. Das ist kein Pilzsammler! Ich wende meinen Punto und fahre dem Panda in gebührendem Abstand hinterher, bergauf. Mein sauberer, silberner Punto ist kein typisches Trüffelsucherfahrzeug. Der Kollege wird keinen Verdacht schöpfen. Irgendwann sehe ich das Fahrzeug in einem seitlichen Feldweg am Rand eines Eichenwäldchens stehen, niemand weit und breit. Hier soll es Trüffeln geben? So dumm ist doch keiner und verrät mit seinem Auto eine *tartufaia* so offensichtlich. Es ist Frühjahr, jetzt gibt es nur die weißen Frühjahrströffeln, die *bianchetti,* und ein paar Muskattrüffeln *(tuber moscatum). Bianchetti* wachsen ausschließlich unter Pinien. Der Kollege hat mich entdeckt und will mich in die Irre führen, aber so leicht geht das nicht. Ich fahre noch weiter die Bergstraße hinauf, um eine bessere Übersicht über das Gebiet zu haben. Unterhalb, auf der anderen Seite der Straße, ein ganzes Stück von dem Parkplatz des Panda entfernt, beginnt ein hübscher Pinienwald, dessen Lage ich mir einpräge. Morgen werde ich ihm einen Besuch abstatten.

Trüffelbuchhaltung

Bei einem unserer vielen Ausritte erzählte mir Franco, wie er neue Plätze entdeckt: Ich kenne einige alte Männer, die aus Altersgründen nicht mehr auf Trüffelsuche gehen. Ich war immer nett und hilfsbereit zu ihnen. So bekam ich immer wieder ernstzunehmende Hinweise auf gute Plätze, allerdings nur, wenn sie in der Familie keinen Nachfolger hatten. Einmal hatte ich ein großes Glück. Einer von den Alten ist gestorben, dessen Sohn keinen Spaß am Trüffelsuchen hat. Dieser kam zu mir und brachte mir ein Notizbuch, das vollgeschrieben war mit einer altmodischen, aber gut leserlichen Schrift. Es war das Tagebuch seines Vaters, der akribisch über seine Trüffelsuche Buch geführt hat. Da standen alle seine *tartufaie* genauestens beschrieben, bis zu einzelnen Bäumen, teilweise mit Zeichnungen; ich habe fast alle Stellen gefunden. Präzise Angaben über die Trüffelarten, Tag und sogar Uhrzeit der Funde, Mondphase, die Tiefe und die Beschaffenheit der Ernte. Fünf dokumentierte Jahre aus dem Leben eines Trüffelsuchers. Mit großer Ehrfurcht und Freude habe ich dieses Buch entgegengenommen und verwahre es bis zum heutigen Tag als besonderes Vermächtnis auf.

Baldina, meine Geheimagentin

Ich höre Franco gespannt zu, seine Augen leuchten, als er mir von dem Buch erzählt. Viele Leute habe ich in den Bergen schon kennengelernt. Sie wohnen teilweise in halbverlassenen Dörfern, wie im Castello di Precicchie. Zehn Häuser und eine kleine Kirche auf einem schroffen Felsen, vier alte Leute wohnen hier noch. Die jungen sind nach Ancona, in den Norden Italiens oder ins Ausland gezogen. Oder das Bergdorf Monte Fiascone, wo eine alte Freundin von mir wohnt, Baldina.
Ich muss durch den Ort fahren, um in die *tartufaia* am Monte Fiascone zu kommen. Auf diese Weise kann mir Baldina immer sagen, ob und wer heute schon vorbeigekommen ist. Ich habe sie vor vielen Jahren über *avvocato* Giovanni kennengelernt. Wir waren am Monte Fiascone und haben recht gut schwarze Sommertrüffeln gefunden. Es war an einem Sonntag morgen, und alle Bars waren geschlossen. Wir hatten Hunger und Lust auf ein Glas Wein. Als wir vom Monte Fiascone zurückkamen, fuhren wir am Haus Baldinas vorbei. Haus ist übertrieben, Häuschen auch. Es ist ockergelb angestrichen, rundum mit Efeu umrankt und besteht aus einem Raum von drei mal drei Metern, einem Nebenraum von drei mal ein Meter fünfzig und einem Giebelraum im ersten Stock, den ich nie sehen durfte, das ist nämlich das Schlafzimmer. Unten in der Mitte steht ein Tisch. Die Raumhöhe beträgt ungefähr ein Meter achtzig. Baldina, eigentlich Ubalda, passt da mit ihren ein Meter sechzig gut hinein. An der einen Wand sind zwei Küchenhängeschränke angebracht, darunter eine Anrichte mit einem laufenden, kleinen Fernseher. An der anderen Wand zwei Gasherde, auf denen Töpfe mit heißem Wasser stehen, mit denen in ehemaligen Marmeladen- und Kindernahrungsgläsern die frisch gefundenen Steinpilze eingemacht werden. Eine Aufbesserung der kleinen Rente. Das einzige Fenster ist klein, und das Glas in der Eingangstüre ist mit einem Perlvorhang verhängt, deshalb muss eine Neonröhre über dem Tisch für Licht sorgen.

Ein Festessen

Drei Stühle, wir nehmen Platz. Auf dem Tisch steht ein Teller mit zwei schönen Steinpilzen. Giovanni fixiert sie hungrig, und Baldina fragt uns, ob wir etwas essen wollen. Gerne. Mach uns doch einen Salat aus den Steinpilzen, mit etwas Zitrone, Olivenöl, Salz und Pfeffer; und Parmesan, wenn du einen hast. Baldina deckt den Tisch und beginnt, die Pilze in Scheiben zu schneiden, holt Brot und Öl aus der Küchenanrichte und eine halb gefüllte Zweiliterflasche mit Weißwein. Nicht nur der Hunger macht aus diesem Frühstück ein Festessen. Baldina erzählt uns, während sie den *percolatore* für den Espresso auf die Flamme setzt, von ihrem bevorstehenden Besuch beim Arzt und beim Masseur, weil sie es im Kreuz hat. Sie bezahlt nichts für die Behandlung. Sie bringt ihm Pilze im Glas mit, darum hat sie heute welche eingekocht.

Baldina holt Fotos aus dem Hängeschrank von ihrer Reise nach Amerika. Las Vegas hat ihr besonders gefallen. Ihre Schwester lebt dort. Und Martini bianco mag sie gerne. Ob zur Zeit viele *tartufari* vorbeikommen, wollen wir wissen. Nein, es geht. Nur der eine mit dem weißen Panda kommt jeden Tag. *Non è simpatico*. Grüßt nie. Aber vor ein paar Tagen war ich beim Pilzesuchen, etwas weiter unten in Richtung Domo, und habe zwei verdächtige Personen mit Hunden gesehen. Den Feldweg, der an der großen Eiche links weggeht, sind sie hineingefahren und waren bestimmt zwei Stunden dort. Danke, wir werden uns die Sache ansehen. Heute nicht, an einem anderen Tag. *Grazie*, Baldina, und *ciao*. Das nächste Mal bringe ich dir einen Martini bianco mit.

Einige Tage später besuche ich die von Baldina angegebene Stelle und finde nach kurzer Suche zwei hühnereigroße *scorzone*. Eine davon bringe ich Baldina und dazu den versprochenen Martini bianco. An diesem Tag ist noch kein anderer Trüffelsucher vorbeigekommen; einen heißen Tipp hat sie heute nicht, aber einen mindestens so heißen Espresso.

Von Trüffelhunden und anderen Schweinen

Schwein oder nicht Schwein. Das ist oft die Frage. Weit verbreitet ist die Meinung, Trüffeln würden nur mit Schweinen gesucht, eben mit Trüffelschweinen. Schweine haben eine natürliche Vorliebe für Trüffeln. Sie müssen also nicht wie die Hunde darauf trainiert werden, ein Zeichen, beispielsweise durch scharren oder graben, zu geben, wenn sie den Trüffelgeruch in die Nase bekommen, sondern sie fangen aus eigenem Interesse an, die Erde aufzuwerfen. Es ist sogar anzunehmen, dass die Menschen im Mittelalter auf Trüffeln überhaupt erst aufmerksam wurden durch die Beobachtung der Haus- und Wildschweine. Geeignete Tiere wurden daraufhin für das Trüffelsuchen abgerichtet. Trüffeln waren damals keine Delikatesse, sie wurden schlicht als weiteres verfügbares Gemüse gesehen und zubereitet.

Wenn ein Trüffelsucher erwartungsvoll einen seiner Geheimplätze in einem Wald besucht und dort den Boden flächenweise durchpflügt sieht, wird er die Wildschweine verfluchen. Geht er auf Streife in einem ihm noch unbekannten Gebiet, wird er den wilden Pflügern dankbar sein für diese Markierung. Er wird sich die Stelle merken und bei nächster Gelegenheit oder im nächsten Jahr wieder vorbeischauen. Da die Wildschweine sehr oft das Revier wechseln, ist die Chance, auf diese Art einen neuen Geheimplatz entdeckt zu haben, sehr groß.

Nun sind traditionell Schweine die Hunde der Bauern. Adelige und Großgrundbesitzer gingen auf die Jagd, was den Bauern nicht erlaubt war. Adelige hatten unterschiedlich ausgebildete Hunde für unterschiedliches Waidwerk. Im 16. Jahrhundert war in der Emilia-Romagna bereits die Hunderasse Lagotto bekannt und wurde reingezüchtet. Wie der Name vermuten lässt, hat dieser etwas mit Wasser zu tun (lago). Diese Hunde wurden für das Apportieren bei der Entenjagd verwendet, da sie ihrem Herrn treu ergeben und überaus gutmütig sind, außerdem haben sie absolut nichts Bösartiges an sich und keinen Jagdtrieb. Eine wichtige Voraussetzung für die Trüffelsuche, die durch Hasen oder Rebhühner sonst oft unterbrochen werden könnte. So hat sich in der Emilia-Romagna, in der schwarze und weiße Trüffeln vorkommen, die Trüffelsuche mit Hunden entwickelt. Manche Jäger und Hundeführer der Adeligen betrieben ein lukratives Nebengeschäft mit der Trüffelsuche, die hoch belohnt wurde. Heute ist der Lagotto, der wie ein kleines Schaf aussieht, eine rare Hunderasse. Er verrichtet mit Freude und großer Ruhe seine Suche. Hohe Preise werden für die Tiere bezahlt, und besonders in Frankreich ist dieser treue Mitarbeiter sehr gefragt.

In Italien ist die Trüffelsuche mit Schweinen seit 1982 verboten. Schweine richten bei ihrer pflügenden Suche zu große Schäden an: Sie zerstören das für die Reproduktion der Trüffeln notwendige Myzel. Aber auch der Umgang mit einem Schwein bei der Arbeit oder beim Transport ist nicht so unkompliziert wie mit einem Hund. Adelige in Trüffelgebieten hatten oft richtiggehende *tartufai* oder *truffières* angestellt, die aus den Jagdhund-rudeln ihrer Herren die besten heraussuchten. Wie auch heute noch, eignen sich lustige, verspielte und sensible Hunde besonders. Über den Spieltrieb, wohldosierten Nahrungs- und Liebesentzug und erfolgsabhängige Zuwendungen verstehen die Hunde relativ schnell, um was es geht. Die Feinausbildung dauert weitere ein bis zwei Jahre.

Ein Jäger aus Kurpfalz

Luisa Polte hatte in der Aachener Zeitung einen Artikel über Trüffeln gelesen, in welchem einige Fotos von Attila und mir enthalten waren. Ein Vorfahre wäre Trüffeljäger gewesen und sie würde mir in den nächsten Tagen ein paar Unterlagen über ihn senden, sagte mir Frau Polte am Telefon. Im *alphabetischen Verneichnus aller Chur-Pfältzischen Hohen Hoff-Dignitaeten und Dicasterien* aus dem Jahr 1749 wird neben dem *Zeug-Meister, dem Fasan-Warther und Weeg-Bereuther* Carl Wenniger als *Triefel-Jäger* aufgeführt, der das Amt von 1749 bis 1761 inne hatte. Trüffeln kamen damals auch in der Pfalz vor und durften nur von berufenen Trüffeljägern mit Hunden und Schweinen gesucht werden. Das war in der Regierungszeit Karl Theodors (1742-1799), als er als Kurfürst in der Pfalz residierte, bevor er 1778 aus Gründen des Erbfolgevertrages, aber nicht sehr begeistert von Mannheim nach München übersiedelte und bayerischer und pfälzischer Kurfürst wurde. Er mochte die Bayern nicht, weil sie ihm zu derb waren. Und vielleicht für ihn keine Trüffeln suchten ...

Bären, Ziegen, Frösche und Fliegen auf Trüffeljagd

Im Appetit-Lexikon, erschienen in Wien im Jahre 1894, ist zum Thema Trüffel und Sucher nachzulesen: »1680 wurden nicht nur in Paris, sondern schon in Straßburg und in Antwerpen Trüffeln verspeist, während in Österreich nicht einmal der Name dafür bekannt war. Trüffeln wurden von den sog. ›Italienern‹ in Deutschland feilgehalten, wenn sie auch damals noch nicht mehr Raum auf der deutschen Tafel einnahmen, als heute [1894!] etwa die Vogelnester und der Trepang. Inzwischen hatte man in Italien das Trüffelsuchen mittels abgerichteter Hunde zu einer wahren Kunst ausgebildet, die 1712 durch den damaligen Erbprinzen Friedrich Ludwig von Württemberg, den der Hof von Savoyen in Turin mit dergleichen Trüffelhunden beschenkt hatte, auch nach Deutschland verpflanzt ward. Anno 1720 ließ König August II. zehn Trüffelhunde aus Italien nach Polen kommen; 1722 nahm der Förster Backhaus zu Toma im Herzogthum Gotha, 1724 der Graf Wackerbart in Kursachsen die Trüffeljagd auf; um dieselbe Zeit wurde in Preußen der Italiener Bernardo Vanini für das Gebiet des Fürstenthums Halberstadt zum privilegierten Trüffeljäger ernannt, und wenig später ging man in Russland dazu über, sogar den würdigen Meister Petz auf dies Geschäft einzuüben. Noch 1860 wurden im Dorfe Liapino bei Moskau vier Bären zum Trüffelsuchen gehalten.« Es gab sogar Trüffelsucher, die Ziegen auf die duftenden Knollen abrichteten.

Wenn im Hochsommer die ersten Sonnenstrahlen durch die Bäume hindurch den Waldboden zu erwärmen beginnen, sehe ich oft an einigen meiner Trüffelplätze in den Bergen kleine Fliegen über der von der Nacht feuchten Erde kreisen. Immer wieder hat Attila an diesen Stellen reife, manchmal auch faule Trüffeln, in denen Maden waren, signiert. Zunächst habe ich die Zusammenhänge nicht erkannt, und erst Berichte über alte Bauern in Südfrankreich, die angeblich mit der Fliege Trüffeln jagten, brachten mich auf die richtige Erklärung. So würden provençalische Bauern von bestimmten Fliegen zu den Stellen geführt, an denen Trüffeln zu finden sind. Meine Bemühungen, genauere Angaben in alten oder neueren Büchern zu finden, waren vergeblich. Erst in einem Gespräch mit einem Botaniker, einem Pilzspezialisten, erfuhr ich, dass es die sogenannte Trüffelfliege gibt, die *Suillia tuberiperda*, eine rötliche, kleine Fliege, die zu den Scheufliegen, den *Heleomycidae*, zählt. Ein charakteristisches Merkmal sind die kleinen Dornen an der Vorderflügelkante. Die Larven fressen verrottende Pflanzen, besonders gerne Pilze und Trüffeln. Sie hat einen besonders feinen Geruchssinn, setzt sich auf der Erde genau über die Stelle, unter welcher sich in der Erde Trüffeln befinden, und legt ihre Eier ab.
Sogar Frösche können auf Trüffelfundstellen hinweisen. Sie sitzen nämlich mitunter an den Stellen, über denen so zahlreiche der für sie schmackhaften Fliegen kreisen.
Die aus den abgelegten Eiern der Fliege schlüpfenden Maden gelangen auf kürzestem Weg zu den Trüffeln und leben dort »wie die Made in der Trüffel« und wachsen und gedeihen und mutieren schließlich zur Fliege. Diese findet den Weg ins Freie, hat die Sporen der Trüffel in oder an sich und scheidet sie an anderer Stelle aus oder verliert sie. So trägt die Trüffelfliege, wie auch andere feinschmeckerische Insekten, Mäuse, Hamster und Dachse zur verbreitenden Reproduktion der Trüffeln bei.
Wie der Hund riecht die Trüffelfliege die Trüffeln erst, wenn sie reif oder gar faul sind. Da Trüffeln nicht gleichzeitig reif werden, findet der auf diese Weise informierte Trüffelsucher auch gute Trüffeln neben den faulen. Ist er klug, wird er sie wieder gut vergraben und sich die Stelle für das nächste Jahr merken. Trotzdem bedeutet diese zunächst elegant anmutende Jagdmethode für die Reproduktion der Trüffeln eine große Gefahr, da zwangsläufig um die faule Trüffel herum die Erde aufgegraben werden muss, um die guten Trüffeln zu finden; das können Flächen bis zu einem Quadratmeter und mehr sein. Bei handtellergroßen Löchern, die wieder verfüllt werden, wird das Myzel weiterwachsen, bei großflächigen Beschädigungen kann es ganz absterben.

Spezialisten ausbilden

In seinen »Gesammelten kleinen Schriften« beschrieb Dr. Wilhelm Ritter von Hamm in der zweiten Hälfte des 19. Jahrhunderts die Methoden, um zu Luxusgerichten zu kommen: Im französischen Departement Haute Marne, wo man neben Schweinen auch Hunde zur Trüffeljagd ausbildet, verbirgt man eine Trüffel nebst einem Stückchen Speck in einem mit Erde gefüllten Holzschuh; erst nachdem sie dieselbe gefunden und herausgescharrt haben, erhalten sie ihr tägliches Futter. Die Hunde sind gelehrig genug, um bald im Freien probiert werden zu können. Haben sie ein paarmal Trüffelnester entdeckt, wofür sie belohnt werden müssen, so können sie als *ferm* betrachtet werden und erlangen dann einen ziemlich hohen Wert und Preis.

Im Piemont erklärte mir ein alter Bauer aus dem Ort Barbaresco, wie junge Hunde auf ihren Herrn abgerichtet werden. Schon mit einem halben Jahr werden sie in ein möglichst einsames Waldgebiet gebracht. Eine kleine Hütte steht dort, und sie werden an eine nicht zu lange Kette gelegt, an die sie bereits gewöhnt wurden. Der Hund wird so auf den Wald, seine Gerüche, seine Geräusche sensibilisiert. Einmal am Tag kommt der Besitzer, um ihn zu füttern. Vorher lässt er ihn frei herumlaufen. Wenn der Hund die ersten einfachen Kommandos befolgt, bekommt er Futter, in das zuvor ein paar Trüffeln hineingelegt wurden, deren Duft es angenommen hat, und seine Streicheleinheiten. Nach einigen Wochen ist der Hund auf sein Herrchen fixiert und die Feinausbildung zu Hause kann beginnen.

Attila hat sein Handwerk oder besser »Pfotenwerk« ähnlich der Beschreibung des Ritters von Hamm, erlernt. Es ist eine große Freude zu sehen, wie sich ein verspielter, kleiner Hund nach und nach zum Spezialisten entwickelt, der die Worte, die Laute und Gesten seines Herrn zu deuten weiß und der sich mit seinem Blick, seinen Bewegungen, seinem Bellen und Winseln genau auszudrücken versteht.

Schon mit drei Monaten beginnt die Ausrichtung des Welpen. In sein Futter, das nach meiner Erfahrung am besten aus ausgewogenem Trockenfutter besteht, lege ich einige Stunden vorher ein paar Trüffeln, die unansehnlich, beschädigt oder auch überreif sind. Der Trüffelduft überträgt sich auf das Futter. So nimmt der kleine Hund ganz früh den wichtigen Zusammenhang zwischen Ziel und Futter wahr. In den nächsten Monaten steht das Spielen im Vordergrund, bei dem es Belohnungen in Form des ganz normalen Futters gibt. Langsam beginne ich, gleichzeitig mit der Belohnung einen bestimmten Pfiff auszustoßen. Später sollte der Hund bei diesem Pfiff in jedem Fall und sofort zu mir kommen. Ich vergrabe zusammen mit einem Stückchen Käse eine Übungstrüffel, von denen ich immer eine gute Anzahl eingefroren im Tiefkühlschrank in einem Marmeladenglas aufbewahre. Sehr schnell wird diese Übung zur großen Freude für den Hund, der bei jedem Fund überschwenglich gelobt wird und zum Käsestückchen noch ein Stück des ihm vertrauten Trockenfutters erhält.

...sie sind sich nicht immer grün, die Trifolai.

Die Entscheidung, ab wann der Käse weggelassen werden kann, fällt nicht leicht. Ich wandte eine Methode an, die vor allem unsere damals noch kleine Tochter begeisterte: Aus einem stattlichen Berg von Überraschungseiern holte ich die gelbe Kapsel heraus, die schokoladischen Umhüllungen und pädagogisch wertvollen Minibausätze von Autos und Monstern gingen an meine Tochter. Die Kapseln durchlöcherte ich mit dem Handbohrer, damit der Geruch der hineingelegten Trüffeln austreten konnte. Von diesen Plastikdingern vergrub ich immer drei oder vier im Garten und ließ sie von meinem Hund suchen. Er hatte recht schnell Erfolgserlebnisse, da sie nicht allzu tief vergraben waren und teilweise fast an der Erdoberfläche lagen. Große Begeisterung und viel Lob, jedes Mal wenn ein gelbes Etwas zutage gefördert wurde. Hundekuchen, Streicheleinheiten und lautstarkes Lob. Später machte ich mir den Spaß, dem Hund beizubringen, mir die Hülle respektive die Trüffel zu apportieren.
Hat der Hund kapiert, um was es geht, ist es ein leichtes, seine Arbeit zu verfeinern. Hungrig nach Hundekuchen und nach Belobigung wird er am Ende seiner Lehrzeit sofort wie ein Wilder scharren, wenn er im Boden den Trüffelduft wahrnimmt. Ich habe von Hundeausbildern gehört, die ihre Hunde bis zu 20 Tage hungern lassen, um deren Aufmerksamkeit zu verstärken. Wichtig ist diesen Haltern nur der schnelle Erfolg. Das Ergebnis dieser Behandlung sind nervöse und freudlos arbeitende Hunde.
Bei meinen Übungen verwende ich von Anfang an immer unterschiedliche Trüffelarten, damit der Hund später auf alle Sorten anspricht. Hat er eine Duftspur aufgenommen und beginnt zu scharren, ist die Gefahr sehr groß, dass er die Trüffel mit den Krallen beschädigt. Auf den Zuruf *fermati!* (= halt ein!), muss er seine Aktivität sofort einstellen und sich setzen. Er darf nicht weglaufen, denn es ist im Herbst, wenn viel Laub auf dem Boden liegt, oft schwierig zu sehen, wo er gescharrt hat. Wird eine Trüffel, die nur knapp unter der Erdoberfläche lag, durch das Scharren herausgeschleudert, liegt sie oft einen halben Meter oder weiter von der Fundstelle entfernt. Ein guter Hund zeigt mit seiner Schnauze die Stelle, an der diese Trüffel liegt. Bereits an der Art, wie der Hund scharrt, ist zu erkennen, ob es sich um ein kleines Trüffelchen oder um ein schönes, großes Exemplar handelt. Bei den *bianchetti (tuber borchii)* scharrt Attila oft nur so im Vorbeigehen. Es ist aber immer ein Treffer, auch wenn die Trüffel nur einen Zentimeter groß ist. Bei intensivem Scharren, das auch nicht unterbrochen wird, wenn ich daneben stehe, ist mit größerer Ernte zu rechnen. Dann ist die Freude von Hund und Herrchen besonders groß. Die Trüffel kann halb frei, ein paar Zentimeter, aber auch bis zu einem halben Meter unter der Erde liegen. Wenn ich bis zu zehn Zentimetern nicht fündig werde, bitte ich Attila nochmals um Hilfe. Er zeigt dann durch präzises Scharren an, ob die Trüffel mehr links oder rechts zu finden ist. Überreife Trüffeln gräbt er nur aus, wenn sonst wirklich nichts mehr zu finden ist. Einmal hat er, nur um mich zufriedenzustellen, sogar eine vertrocknete Morchel ausgegraben.
Durch die vielen Einsätze hat Attila gelernt, sofort das Scharren einzustellen, wenn er Widerstand spürt, sei es die Trüffel, ein Stein oder eine Wurzel. Er hat

sich angewöhnt, sich auf die Scharrstelle zu setzen und mich grinsend – er ist der einzige Hund, der grinsen kann – zu erwarten und erst zu weichen, wenn er eine Belohnung bekommen hat. Die rechte Tasche mit den Hundekuchen fixiert er dabei mit Röntgenaugen.
Sind in einer *tartufaia* wenig Trüffeln vorhanden, hält ein guter Hund die Nase senkrecht in die Luft, um durch die leichteste Brise auch weiter entfernte Düfte, teilweise bis zu 50 Meter im Umkreis, zu orten. Zu starker Wind jedoch ist dem Hund unangenehm.

Rüde oder Hündin

Wenn die Hündin läufig ist, sitzen jede Menge Rüden mit triefenden Augen vor dem Gartentor. Nicht jeder Hund hat einen Stammbaum. Ein ordentlicher Rüde aber hat einen Baumstamm, nicht nur einen – viele, sehr viele. Diese werden, auch bei der Trüffelsuche, zunächst »gelesen« und dann überpinkelt, damit klar ist, wer hier augenblicklich der Herr ist. Zu Beginn oder zu Ende einer Trüffelsaison ist die Ausbeute klein oder gleich null. Der Rüde hat dann einen freudigen Vorteil gegenüber seinem Herrchen, das seinen Frust nicht durch intensive Baumkontrolle und Kennzeichnung ausgleichen kann. Es ist kaum zu glauben, welche Kapazitäten so ein Hund hat und wie gut er sich diese einteilt.
Es gibt Trüffelsucher, die mehrere Hunde haben. Rüden und Weibchen. Ist ein Weibchen läufig, machen sie gerne mit ihm einen Spaziergang in einem gutbesuchten Trüffelgebiet. Die Duftspuren dieser Hündin machen den zuverlässigsten Rüden zum Deppen. Wenn nicht gerade der ganze Wald nach Trüffeln riecht und eigentlich das Herrchen die Trüffeln auch ohne Hund finden könnte, ist der Ausflug abzuhaken. Der Besitzer der Hündin allerdings geht fidel auf die konkurrenzlose Suche.

Bösewichte

Die Tage gegen Ende einer Trüffelsaison, vornehmlich der Herrentrüffeln (31. Dezember), können für einen Trüffelhund durchaus gefährlich sein. Die Trüffelprofis gehen in diesen Tagen nicht mehr auf Trüffelsuche. Überall gibt es Gute und Böse, Gönner und Neider. Und wenn es um Geld geht, schrecken manche vor nichts zurück. So legen Bösewichte vergiftete Fleischbällchen als Köder im Wald aus, und das zuweilen recht raffiniert. Regen und Wind lassen die Köder nach relativ kurzer Zeit wirkungslos werden, weswegen sie unter flache Steine gelegt werden. Oder sie werden in Stanniolpapier oder Alufolie eingewickelt. An einer Stelle ein bisschen offengelassen, riecht der Hund den Inhalt von weitem. Wenn er diese mit Ratten-, Schnecken- oder Pflanzengift versetzten Köder frisst, ist er innerhalb einer Minute tot.

Einem Wachhund wird beigebracht, von keinem Fremden etwas zu nehmen und zu fressen; auch nichts zufällig Gefundenes. Das geschieht durch scharfe Worte und Strafen. Ein Trüffelhund soll sehr wohl an die Trüffel gehen.
Die Ausbildung eines Trüffelhundes erfolgt viel sensibler und feiner als die eines Wachhundes. Auf scharfe und laute Kommandos wird verzichtet, und die Ausbildung wird vornehmlich auf die Auffindung der Trüffel konzentriert, weswegen das Verbot der Fremdnahme von Futter gar nicht erst trainiert wird.
Unter Trüffelsuchern wird über dieses Thema nicht gesprochen. Doch kommen ihnen Berichte über Hundevergiften nicht ganz ungelegen. So hinterhältig diese Aktionen auch sind, sie regulieren die Szene. Keiner wird deswegen den Hund an einer langen Leine Trüffeln suchen lassen; aber gegen Ende der Saison gehen sie nicht mehr auf die Suche – und die tatsächliche Saison steht nicht im Kalender, sie wird von einem *trifolao* gefühlt. Hinweise auf gute Trüffelgegenden sprechen sich herum, und bald kommen von außerhalb fremde Trüffelsucher. Rechtlich gibt es keine Möglichkeit, diese von der Suche abzuhalten, da sie für alle, die einen *tesserino* besitzen, in der jeweiligen Region frei ist. So bleibt die Drohkulisse des massenhaften Hundevergiftens unwidersprochen, ja, wird sogar gerne bestätigt; sehr dienlich, eventuelle Interessenten von außerhalb abzuschrecken. In Trüffelsucherkreisen wird hinter vorgehaltener Hand von diesem oder jenem erzählt, der zu solchen Taten fähig wäre. Offen sprechen sie es nie aus; genausowenig wie sie über ihre Fundstellen sprechen. Trüffelsucher sind Einzelgänger und misstrauisch.
Es ist nicht möglich, diese kriminellen Machenschaften zu verfolgen. Die Herkunft der Giftköder ist nicht eindeutig nachzuweisen, da diese Gifte handelsüblich sind und auch keiner der Gauner so dumm sein wird, sich in flagranti erwischen zu lassen; und es ist einfach, diese Köder unbemerkt zu platzieren. Immerhin, Trüffelhunde werden keineswegs reihenweise vergiftet, wie in der Presse gerne jährlich zur Trüffelsaison geschrieben wird. Ich selbst habe in den letzten Jahren von zwei oder drei konkreten Fällen gehört. Kürzlich fand eine Hausdurchsuchung bei einem Apotheker in einem kleinen Ort in den Bergen statt. Auf einen Hinweis fand man bei ihm ein Gift, das auch im Kadaver eines vergifteten Trüffelhundes nachgewiesen wurde. Der Fall musste nach kurzer Zeit ungelöst zu den Akten gelegt werden, da dem Apotheker die Abgabe des Giftes an einen Verdächtigen nicht nachgewiesen werden konnte.
Einen Hund auf diese Weise zu verlieren ist über die Maßen emotionsbehaftet, für den Besitzer, aber auch für das Umfeld. Zu Recht. Denn nur, wer dieses Zusammenspiel zwischen Herrn und Hund, zunächst bei der Ausbildung und später bei der Trüffelsuche, erlebt hat, kann den großen Verlust nachfühlen, der einem *trifolao* entsteht. Der Geldwert steht weit hinter dem Schmerz über den verlorenen Partner und Freund.

Wenn Trüffeln, dann weiß

Früh am Morgen holt mich mein Freund Franco zu Hause ab. Wir fahren in Senigallia auf die *autostrada* in Richtung Norden, Ausfahrt Fano und in das *interland*, ein Ausdruck für Hinterland, der hier tatsächlich so verwendet wird. 30 Kilometer im Landesinneren liegt am Fluss Metauro das verschlafene Nest Fossombrone. Es klebt an einem steil zum Fluss abfallenden Ausläufer des Apennin. Über die Ausfahrt Fossombrone Ovest ist der Ortskern über die Uferstraße hoch über dem Fluss zu erreichen. Kurz vor den ersten Häusern wölbt sich mächtig zur Rechten eine uralte Steinbrücke über das breite Flussbett des langsam fließenden Metauro und gaukelt, ergänzt durch das Spiegelbild im Wasser, dem Betrachter ein großes kreisrundes, dunkelgrünes Loch vor. Viele Leute denken bei Trüffeln vor allem an Alba, an das Piemont, an die Herbstzeit, an hohe Preise in den Feinkostgeschäften und den Edelrestaurants. In der Gegend von Fossombrone werden das ganze Jahr über Trüffeln gesucht und – gefunden: sieben verschiedene Arten, fünf schwarze und zwei weiße gibt es hier, und sie sind gar nicht mal allzu teuer.

Weiße Trüffeln im Frühjahr?

Nahezu unbemerkt von der »Label«-Welt, werden hier in den Orten Acqualagna, Sant'Angelo in Vado und Fossombrone im Herbst große Mengen der Herrentrüffeln, der *tuber magnatum pico,* unpräzise oft Alba-Trüffel genannt, geerntet und gelangen in den Weltmarkt. Immer wieder wundern sich Trüffelliebhaber, wenn ich von umfangreichen Vorkommen dieser teuren Trüffel in den Marken erzähle. Nun ist es aber März und nicht Herbst. Was fast niemand bei uns weiß: Es gibt auch von Januar bis April weiße Trüffeln, die *bianchetti,* botanisch bezeichnet als *tuber borchi* oder vulgo *tartufo marzuolo*. Und am ersten und zweiten Märzwochenende wird seit über 25 Jahren die *fiera del bianchetto* abgehalten, die Franco und ich besuchen wollen. Peppino Ceccarulli ist der Präsident der *associazione dei ricercatori di tartufi*. Er ist der Chef von 357 Trüffelsuchern im Verwaltungsgebiet Fossombrone. Zu Beginn der *fiera* findet jedes Jahr der *convegno del tartufo* statt, die Jahreshauptversammlung der Vereinigung.

Käse, Gas, Pilze oder Knoblauch

Es ist neun Uhr. Doch wo ist der Trüffelmarkt? Wir gehen die menschenleere schmale Straße zum Rathaus hinauf. Keine Buden, keine Stände. Ist die *fiera* abgesagt? Um zehn Uhr soll die Versammlung im Rathaus beginnen. Im kleinen Sitzungssaal sind außer uns erst fünf oder sechs Personen. Bis um elf Uhr füllt sich der Saal zur Hälfte. Es ist unhöflich, pünktlich zu kommen. Eine sehr gemischte Gesellschaft hat sich eingefunden, manche in verbeulten Jeans, andere im dunkelblauen Anzug mit Krawatte. Einige Verwaltungsangestellte der *Comunità montana*, ein Assessor, der Bürgermeister und einige - was unschwer zu erkennen ist - Trüffelsucher. Es erfolgt die Begrüßung durch den Präsidenten Peppino, der mit den Autoritäten an einem langen Tisch auf einem Podest Platz genommen hat. Ein Trüffelspezialist hält einen Diavortrag über den *bianchetto*, die weiße Märztrüffel. Davon gibt es sechs verschiedene Arten. Jede riecht und schmeckt anders. Auch die Farben - hellbeige bis dunkelbraun - und die Struktur des Fruchtkörpers und die äußere Form sind unterschiedlich. Manche haben grobe, schlauchartige, andere feine Windungen, Venen, wie uns der Spezialist sagt, die Luft in das Innere der Trüffel dringen lassen. Alle ähneln äußerlich der Herrentrüffel, erinnern aber vom Duft her an Käse, Gas, Pilze oder an Knoblauch. Das macht das Verspeisen spannend.

Bianchetti werden höchstens so groß wie ein kleines Hühnerei und wachsen knapp unter der Erdoberfläche, gerne unter Moos oder feuchtem Gras und bilden eine Symbiose, am liebsten mit Pinien. Sie haben einen sehr hohen Wassergehalt und halten deshalb nur ein paar Tage. Ein Großteil der Ernte wird in kleinen Familienbetrieben zu einer *crema di tartufo* verarbeitet, einem vorzüglichen Brotaufstrich. Die *crema* wird mit dem Aroma der Herrentrüffel angereichert, und der unkritische Verbraucher wähnt sich gern in deren Glorie und Kostbarkeit. Erst ein Blick auf das Etikett brächte die Wahrheit zutage. Wegen ihrer geringen Haltbarkeit werden *bianchetti* kaum exportiert. Sie kosten viel weniger als die Herrentrüffeln, da sie nicht so fein im Geschmack sind, ja sogar empfindliche Mägen belasten, wenn zuviel davon gegessen wird.

Gefräßige Wildschweine

Nach dem lehrreichen Vortrag kommt die Diskussion. Es meldet sich ein älterer, weißhaariger Herr mit Knittergesicht. Während er in das Mikrophon der krächzenden Verstärkeranlage spricht, geht er aufgeregt hin und her. Seit 1938 ist er Trüffelsucher. Und die Trüffeln werden immer weniger, die Wildschweine fressen sie. Ohne dass man etwas dagegen machen könnte. Und gefährlich sind diese verdammten Schweine. Einmal brach eines aus dem Unterholz und bedrohte ihn. Nur mit einem gezielten Hieb mit seinem Grabwerkzeug konnte er das Wildschwein in die Flucht schlagen. Sein Hund hatte sich winselnd hinter ihm versteckt. Und dann die von diesen Naturschützern ausgesetzten Wölfe. So einen hat er kürzlich ganz in der Nähe heulen gehört. Der Präsident empfiehlt dem Mitglied, sich an die Naturschützer zu wenden, und relativiert den Trüffelrückgang auf die Pro-Kopf-Ernte der Trüffelsucher, die viel zahlreicher sind als vor 65 Jahren.

Leos Blick durch die rosarote Trüffelbrille

Der Geräuschpegel wird immer höher, und da niemand den nächsten Fragestellern mehr zuhört und der Präsident schon an die Pasta denkt, die in Kürze nebenan auf dem Tisch in der *Trattoria Antica Cantina* dampfen wird, schließt er kurz nach Mittag die Sitzung.

Sparlampen im antiken Gewölbe

Alle verlassen den Rathaussaal und drängen ins Freie. Auf dem Platz vor dem Rathaus sind nun schon einige Buden aufgestellt, die geschäftig eingeräumt werden. Der Bürgermeister und die Gruppe hinter ihm verschwinden in einem Torbogen hinter dem eine Treppe in ein großes antikes Kellergewölbe führt. Franco und ich gehen hinterher. Neben dem Eingang sehe ich einen überfüllten Tresen mit Flaschen, Gläsern und hohen Gefäßen mit eingemachten bunten Früchten. Die *Trattoria Antica Cantina* wurde aufwändig restauriert. In der Mitte ein langer, weißgedeckter Tisch. Geschmackvoll, wenn nicht die Aufputz-Elektroleitungen, zwei Sparlampen an der Decke, eine kalte Neonlampe und die vorgeschriebene Leuchte mit dem flüchtenden grünen Männchen für den Notausgang wären; und an der Stirnwand steht leicht schief die hohe Kühlvitrine, daneben die aufgestapelten Plastikträger mit den leeren Mineralwasserflaschen. Am Ende der gedeckten Tafel mit den Autoritäten haben auch wir Platz gefunden. Es gibt Salat, bestehend aus *radicchio*, Stangensellerie, Spänen von Parmesankäse, angemacht mit Zitrone und Olivenöl und gehobelten weißen Trüffeln; Rührei mit weißen Trüffeln, Tagliatelle und Lasagne mit weißen Trüffeln; Truthahnbrust und Kalbsschnitzel natur mit weißen Trüffeln. Dazu den typischen Weißwein der Gegend, den Bianchello del Metauro, hergestellt aus der Bianchello-Traube, die im Tal des Metauro wächst und einen leichten, nicht zu herben Wein ergibt. Als Dessert wird mit Apfelmarmelade unterlegter Apfelkuchen gereicht, schließlich Espresso und Grappa.
Ein bisschen schwerfällig vom guten Essen und beflügelt vom aufmunternden Bianchello steigen Franco und ich die Treppe vom Gewölbe hoch und kommen wieder auf den mittlerweile mit Menschen gefüllten Rathausplatz. Die Marktstände sind voll mit Käse, Schinken, Salami, und in jeder zweiten Bude werden haufenweise *bianchetti* angeboten. Man wandelt durch Duftwolken von Käse, Salami, Knoblauch und Trüffeln. An den Ständen wird ein bisschen gefeilscht, es wird auf die gewichtserhöhenden Lehmstellen an den Trüffeln hingewiesen. Viel geht nicht; die Einheimischen fühlen sich schnell beleidigt, wenn das Gegenangebot zu niedrig ist. Sie verlangen eben das, was sie brauchen, die *Marchigiani*. Nicht mehr und nicht weniger.

Von der armen schwarzen Trüffel

Weiße Trüffeln, die Herrentrüffeln, sind viel teurer als die schwarzen Trüffeln, das weiß jeder. Aber sind sie besser? Oft fragen mich Freunde, na, hast du wieder Trüffeln gefunden. Natürlich. Weiße? Nein, in dieser Zeit gibt es nur schwarze Trüffeln. Ich bemerke bei meinem Gegenüber nahezu eine Beruhigung, vielleicht sogar Mitleid, weil ich »nur« schwarze gefunden habe. Spreche ich mit Gastronomen oder Köchen, höre ich dasselbe. Ich sehe mich sofort in der Rolle des Advokaten der schwarzen Trüffel. Die wenigsten haben jemals eine ordentliche Speise mit schwarzen Trüffeln gegessen; der Überduft der Herrentrüffeln macht sie unbeweglich.
Schwarz und weiß. Dazwischen gibt es auch im normalen Leben oft nur bedauerlich wenige Schattierungen. Bei luxuriösen Objekten könnte die Blamage besonders groß sein, weswegen sich Mitmenschen aus allen Schichten und unterschiedlichster Bildung gerne an Eckpfeilern ausrichten. Wer etwas nicht wirklich beurteilen kann, hält sich einfach ans Teuerste.

Schwarzweißmalerei

Nun gibt es ja auch eine recht teure schwarze Trüffel, die aus dem Périgord. Aber das ist schon zu speziell, schwarzweiß zu denken ist einfacher. In Tageszeitungen, Fachzeitschriften, Hochglanzmagazinen, aber auch im Hörfunk und im Fernsehen wird regelmäßig über Rekordpreise von Trüffeln berichtet, zwangsläufig von weißen. Von schwarzen Trüffeln wird nicht berichtet - oder das »schwarz« wird einfach weggelassen, und geschrieben steht dann nur etwas von einer »Riesentrüffel«.
Und trotzdem ist der Markt mit schwarzen Sommertrüffeln ein riesiger. In großen Mengen werden sie zu Konserven verarbeitet, aber auch verschämt in der Gastronomie verwendet, getunt mit Trüffelöl.
Woher kommt dieses jämmerliche Image der armen schwarzen Trüffel? Zunächst ist der Preis die Basis. Neben den oben erläuterten schwarzweißen Gründen bestätigen seit langer Zeit und immer wieder aufs neue schlechte, enttäuschende Erfahrungen von Trüffelkäufern diese Meinung. Im Gegensatz zur Herrentrüffel hat die Sommertrüffel, wie auch die Périgord-Trüffel, ein warziges, festes Peridium, eine harte Außenhaut. Auch noch nach zehn Tagen und mehr bleibt diese Trüffel bei der Druckprobe hart. Oft beginnt sie nach dieser Zeit, weißen Schimmel anzusetzen, der sich mit Salzwasser gut abwaschen lässt. Wäre eine Trüffel weich, wie es die weißen Trüffeln viel schneller werden, würde jeder Laie deren Ungenießbarkeit sofort bemerken. Mit jedem Tag verliert die Trüffel nicht nur an Wasser, die Reifung schreitet fort, und es beginnen chemische Prozesse, deren unangenehme Gase den feinen Duft ablösen.

Die Trüffel ist dann nicht mal mehr geschmacklos, sondern wird als unangenehm empfunden. Überlagerte Trüffeln beginnen zu »spriten«, sie riechen nach Nitrolack oder nach Benzin.

Kulinarische Entgasung

Eine wenig bekannte Trüffelart, der *tuber mesentericum Vitt.*, sieht der Sommertrüffel sehr ähnlich, nur hat sie einen unangenehmen Geruch nach Bitumen. Es wurde eine Vakuumtechnik entwickelt, mit der diese und auch überlagerte Trüffeln »entgast« werden können. Die Entgasung überlagerter Trüffeln soll sogar mehrere Tage anhalten. Zwischen frischere Trüffeln gelegt, lassen sich die Oldies an den Mann bringen, empfehlenswert ist dazu ein Fläschchen Trüffelöl. Seit einigen Jahren werden aus China die Himalaya-Trüffeln *(tuber indicum himalayense)* importiert, die der Sommertrüffel gleichen, aber einen leichten Rotstich haben. Sie sind billig zu haben, weil sie keinerlei Geschmack aus China mitbringen. Wohl ist es strafbar, diese Trüffelarten vermischt zum Verkauf anzubieten, aber wer traut sich schon, als Laie eine Diagnose zu stellen.

Mit weiß wird angerichtet, mit schwarz gekocht

Mit der Herrentrüffel wird angerichtet, mit der schwarzen Trüffel wird gekocht. Aber selbst in der Gastronomie wissen nur ganz wenige Köche mit der schwarzen Trüffel etwas anzufangen. Sie haben es auch nicht gelernt. In der gehobenen Gastronomie, wo nur das Beste und das Teuerste verwendet wird, hat die weiße Trüffel längst Eingang gefunden. Leider kommt der Gast aber nur selten in den Genuss von Speisen mit der schwarzen Trüffel, da sie ihm nicht angeboten werden. Die schwarze Trüffel wartet mit ihren vielfältigen kulinarischen Möglichkeiten in den meisten Küchen noch auf ihren Auftritt.
Um so erfreulicher ist die Tatsacche, dass seit Kurzem in München in einigen Nobeldiskotheken und In-Restaurants gut gemachte Trüffelpizza vornehmlich zum Aperitivo gereicht wird.

Von der Trüffelzucht

»Freuen Sie sich, Theure, sagte ich eines Tages zu Frau von W., man hat in der industriellen Gesellschaft einen Webstuhl vorgezeigt, auf dem man wunderschöne Spitzen weben kann, die fast nichts kosten. – Wie, antwortete mir diese Schöne mit einem Blick souveräner Gleichgültigkeit, glauben Sie denn, man würde den Bettel tragen wollen, wenn er wohlfeil wäre?« Mit diesem auch heute noch aktuellen Gedanken stellte Jean A. Brillat-Savarin in seinem Buch »Physiologie du Goût« im Jahr 1825 generell Luxusartikel in Frage. Erst die Verknappung, sei sie naturbedingt oder künstlich, mache vieles interessant.
Eine mir gut bekannte Dame sagte einmal: »Wer würde denn diese scheußlichen, stinkenden Dinger essen, wenn sie nicht rar und teuer wären?« Der Römer Petronius ließ bereits im Jahr 66 nach Christus in seinem »Satyricon« vernehmen: »Die Preise würzen die Gaumen der Feinschmecker.«

Spekulationsobjekt Trüffelanbau

In Frankreich wird gerne von einem südfranzösischen Bauern namens Joseph Talon erzählt. Er soll der Begründer der Trüffelzucht sein. Er säte auf einem steinigen Stück Land Eicheln und stellte einige Jahre danach unter den jungen Eichen eine vermehrte Trüffelproduktion fest. Wenn das alles stimmt, hat Monsieur Talon großes Glück gehabt. Der Wunsch, Trüffeln anbauen zu können, ist dem Traum von der Herstellung von Gold ähnlich. Vor ein-, zwei-, dreihundert Jahren standen die analytischen, wissenschaftlichen Möglichkeiten unserer Zeit nicht zur Verfügung, weswegen die Versuche, in großem Umfange Trüffeln anzubauen, scheitern mussten. Trüffeln zu züchten war zur adeligen Mode geworden und wurde zum Spekulationsobjekt. Betrügern und Hasardeuren, die gute Ratschläge und teure Trüffeln für die Weiterzucht verkauften und die Trüffelbeete anlegten, wurde es leichtgemacht. Es wird von französischen Adeligen im 18. Jahrhundert erzählt, die sich durch Versuche, Trüffeln zu züchten, ruiniert haben.
Die Ausbeute war immer geringer als die Investition. Von den Verlusten sprachen die Investoren im 18. Jahrhundert genausowenig wie von denen, die heutzutage – bei Spekulationen – eingefahren werden.

Lug und Trug

Auch in den neunziger Jahren wurden in Italien, vornehmlich um den Gardasee herum, von unseriösen Unternehmen Trüffelsamen und angeblich mit Trüffelsporen geimpfte kleine Bäumchen angeboten. Sogar über Rundfunkwerbung wurde versprochen, jedermann könne in seinem Garten Trüffeln züchten. Einige Jahre dauert es nur, dann wäre es soweit.

frisch aus der Erde: 3,5 kg Sommertrüffeln (tueber aestivum)

Es wurde jedoch mit keinem Wort auf die Notwendigkeit einer Bodenanalyse hingewiesen, damit überhaupt eine klitzekleine Möglichkeit eines Zuchterfolges besteht. Für das Unternehmen und deren schlaue Verkäufer war es ein Riesenerfolg. Wenn Sie um den Gardasee herum einen Menschen mit traurigem, aber erwartungsvollem Gesicht in einem Klappstuhl unter einer mittelgroßen Eiche in einem Garten sehen, können Sie sicher sein, es ist einer von denen, die noch auf die Trüffeln warten.

Ich habe über Jahre vergeblich versucht, Dokumentationen über den Trüffelanbau in der Vergangenheit zu finden. Eines Tages stieß ich in einem Antiquariat in Amsterdam auf eine Broschüre mit dem Titel »Der Trüffelbau oder Anweisung, die schwarzen und weißen Trüffeln in Waldungen, Lustgebüschen und Gärten durch Kunst zu ziehen und große Anlagen dazu zu machen«. Herausgegeben von Gottfried Basse zu Quedlinburg und Leipzig, 1825. Das war ein Volltreffer.

Trüffelanbau

»Freuen wird sich jeder Freund der Trüffeln, und wer wäre es nicht, der einmal die Schwämme in ihrer höchsten Reife gekostet hat? wenn er erfährt, dass man sie ebensogut auf ihnen angewiesenen Plätzen wie die Champignons erziehen kann und erzogen hat, und dass die Anlagen keineswegs sehr kostspielig und mühsam sind. Mit geringen Auslagen erhöhet er seine Tafelfreuden, selbst seine Einkünfte; denn nach wenigen Jahren haben sich die Ernten so vergrößert, dass er Trüffeln zum Verkauf anbieten kann. Dann erhält er nicht nur seine früheren Auslagen zurück, sondern noch einen bedeutenden Überschuss.
Eine rege Theilnahme an Erweiterung des Trüffelbaus lässt sich mit Zuversicht von unseren thätigen Garten-Vereinen erwarten. Durch ihn wird ja nicht nur der Ertrag des Landes vergrößert, sondern es werden auch die Freuden der Zusammenkünfte durch Leckergerichte mehr als durch seltene Blumen erhöht.«
Der patriotische Autor Alexander von Bornholz reklamiert, wie »deutsche Trüffeln den Würmern zur Nahrung, den Schweinen zur Mast überlassen werden und der Deutsche sich an der Ware labt, die der thätige Franzose oder Italiener in seinem Vaterlande aufgesucht und als Handelsware ins Ausland gesandt hat«. Und das alles nur, weil es so schwierig ist, die Trüffeln aufzufinden. »Künstlich« müssen Hunde abgerichtet werden, müssen Schweine daran gewöhnt werden, die Trüffeln in der Erde aufzufinden und auszuscharren. »Nur wenige Menschen verstehen die Kunst, diese Thiere dazu zu gewöhnen, selbst mit Bekämpfung der eigenen Fressbegierde, dem Menschen die aufgefundene Nahrung zu überlassen. Deshalb kommt die Trüffel in Deutschland nur auf die Tafel reicher Personen und großer Gutsbesitzer, welche sie aber selten in ihrem Besitztum aufsuchen lassen, sondern sie dem Ausländer theuer abkaufen.«
Somit müsste es doch unter den Eigentümern großer Landgüter sehr erwünscht sein, ein Verfahren kennenzulernen, wie sie sich die Trüffel selbst »erziehen«

können. Dadurch werden seine Tafelfreuden vermehrt oder, wenn er es vorziehen sollte, der Ertrag seines Grundstückes durch den Verkauf der frischen Trüffeln erhöht.
Von Bornholz berichtet von einigen Versuchen im 18. Jahrhundert, Trüffeln zu verpflanzen und zu »erziehen«, die aber vergeblich waren, weil die Natur dieses »Erdschwammes« nicht bekannt war und somit die Verhältnisse nicht berücksichtigt werden konnten, unter denen sein »Entstehen und Fortkommen oder seine Vermehrung möglich ist«.

Wie Blasenwürmer und Infustionsthierchen

So weit her war es mit dem Wissen um die Natur der Trüffel im Jahr 1825 dann aus heutiger Sicht wohl doch nicht, betrachten wir die nächste botanische Aussage des Autors. »Ob man überhaupt Trüffeln zu den Pflanzen oder Thieren bringen sollte, darüber war man sehr ungewiss; jetzt aber hat man sich überzeugt, dass sie ausschließlich zu keinem gehören, sondern in der Mitte zwischen beiden Reichen stehen und von beiden gleichviel an sich tragen. Nicht durch Samen pflanzen sie sich fort, wie man ehemals glaubte, sondern sie bilden sich in den oberen Erdschichten unter günstigen Verhältnissen eben so aus, wie die Blasenwürmer in thierischen Körpern, oder die nur dem bewaffneten Auge sichtbaren Infusionsthierchen in einem Wasser, das organische Stoffe enthält.«
Bei diversen Feldversuchen wurden Trüffeln ausgegraben und mit der sie umgebenden Erde an einem anderen Platz wieder eingesetzt, jedoch ohne diesen »gehörig vorzubereiten und ihm die zum Gedeihen erforderlichen Mischungsverhältnisse der Erdarten zu geben«. Für die Trüffelbauer war es damals unverständlich, wenn dieser Versuch missglückte und »die alte Trüffel bald starb, ohne Nachkommen zu hinterlassen«. Es wurden Samen erwartet, die aber nicht kamen. War das hier beobachtete Verfahren etwas anderes, »als aus dem einen Thier einen Blasenwurm auszuschneiden und in das andere einzusetzen, oder einen Eingeweidewurm hinunterschlucken zu lassen, und nun zu glauben, dass die Thierchen sich in dem neuen Wohnsitz vermehren sollen«?

Wie ein Trüffelbeet anzulegen ist

Die Anlage eines Trüffelbeetes sei nun in Kurzfassung erklärt. Ist nicht bereits ein lehmiger Boden vorhanden, wird eine halbmetertiefe Grube ausgehoben und mit einer Ton- oder Lehmschicht ausgelegt. Die Trüffel fordert einen leichten, eisenhaltigen, kalkigen Boden. Ist diese Art Erdgrund nicht vorhanden, muss sie dort hingeschafft werden. Es ist wichtig, die zu verpflanzenden Trüffeln an Regentagen oder zumindest kühlen Tagen mit bedecktem Himmel auszugraben. Sie dürfen nicht mit freier Luft oder gar Sonnenlicht in Berührung kommen, »sonst sterben sie eben so schnell wie der aus dem Wasser genommene, zarte

Fisch, oder der seinem Wohnsitze, dem thierischen Körper, entrissene Wurm. Ein todter Trüffelleichnam, der überdies schnell in Verwesung übergeht, vermag selbst unter den günstigsten Verhältnissen nicht, in dem ihm überlassenen neuen Wohnorte ein Bilden junger Schwämme zu veranlassen. Ein solches ist nur der lebenden Trüffel möglich.«

Die Trüffeln werden in ihrer ursprünglichen Erde mit genug Abstand voneinander in die neue Heimat handbreit tief eingegraben. Dann werden Eichenzweige, Mist und Laub daraufgelegt und Eisenspäne oder Hammerschlag, der beim Schmieden von Eisen entsteht, hinzugestreut. Größere Äste sollen das Hinwegtragen der Laubdecke durch den Wind vermeiden. Ab und zu, besonders an trockenen Tagen, muss das Beet mit weichem Flußwasser und Urin von Kühen angefeuchtet werden. Im ersten Jahr werden sich die Trüffeln wenig vermehren, erst in den nächsten Jahren.

Wo bleibt die Massenernte?

Eine so präzise Anweisung für den Trüffelanbau in Deutschland hätte eine Riesenproduktion zur Folge haben müssen. Und die Deutschen, die ihr Vaterland lieben, hätten nie mehr dem Italiener und dem Franzosen die Schwämme für »theures Geld« abkaufen müssen. Vergeblich habe ich im 19. und im 20. Jahrhundert nach Berichten gesucht, in denen von deutschen Trüffeln geschrieben wurde, weder in Haushaltszeitschriften noch in Kochbüchern. Weil der Trüffelbau doch nicht so gut gelang, machte und macht auch heute noch der »Italiener und der Franzose sein Geschäft«.

Ende des 20. Jahrhunderts entstanden in Italien und Frankreich Institute, in denen die botanischen Verhältnisse der Trüffeln wissenschaftlich erforscht wurden. Doch lässt die Natur eine gesteuerte Produktion nur in beschränktem Maße zu. Die Herrentrüffel kann bis heute überhaupt nicht gezüchtet werden. Die Sommertrüffel, die Périgord-Trüffel und der *bianchetto* nur in gewissem Umfang. In den Instituten werden aus Eicheln und Haselnüssen kleine Pflanzen gezüchtet, deren Wurzelwerk mit den Sporen von Trüffeln angereichert wird. Damit kann ein Myzel, ein feines Fadengeflecht, entstehen, welches für die Symbiose und die damit verbundene Produktion von Trüffeln notwendig ist. Hat jemand ein geeignetes Grundstück zur Verfügung und Interesse an einer Trüffelkultivation, lässt er zunächst die Erde analysieren und die durchschnittliche Jahrestemperatur sowie Niederschlagsmenge messen. Liegen die Werte im realistischen Bereich, erteilen die Institute Ratschläge, welche Trüffelsorte in Frage kommt. Die Pflänzchen, die in den Instituten, aber auch bei Gärtnern zu kaufen sind, werden in einem Abstand von fünf Metern eingesetzt. Im ersten Jahr muss das Gras auf dem Grundstück immer wieder gemäht werden, damit die Bäumchen eine gute Chance haben, anzugehen und zu wachsen. Nach ein paar Jahren zeigt sich kreisrund an einigen der jungen Bäume, wenn sich ein Myzel bildet. Dieses feine Fadengeflecht schlingt sich um die kleinen Wurzeln, entzieht ihnen Nährstoffe, und das Gras beginnt abzusterben. Das sind die ersten Anzeichen einer positiven Kultivierung. Nach ungefähr zehn Jahren können die ersten Trüffeln entstehen, unter besonders günstigen Bedingungen auch ein oder zwei Jahre früher.

Trüffelwilderer

Sobald die ersten Trüffeln gefunden werden, ist es zweckmäßig, die *tartufaia* einzuzäunen und mit Hinweisschildern auf eine »tartufaia cantrollate« zu versehen. Sehr schnell würden Trüffelwilderer am Zuchterfolg teilhaben wollen; und ohne Einzäunung und Schilder kann jeder mit dem *tesserino* ohne weiteres Trüffeln auch auf einem Privatgrund ernten.

Eine auf diese Weise angelegte Trüffelkultur produziert nach den Erfahrungen zehn bis fünfzehn Jahre lang Früchte; dann sind die Bäume zu groß, und das Wurzelwerk geht mit dem jedes Jahr neu entstehenden Myzel nicht mehr so leicht eine Verbindung ein.
Es gab in Italien bis vor kurzem von der Regierung in Rom und von der EU Zuschüsse für die Anlage von Trüffelhainen. Und so wurden in Italien, wo die Spezialisten für die Inanspruchnahme von Subventionen wohnen, viele Haselnusssträucher und Eichen gepflanzt, durchaus vergleichbar mit dem Trüffelrausch in Frankreich im 18. Jahrhundert.
Der Trüffelanbau hat vornehmlich in Italien einen nicht unerheblichen Anteil an der gesamten jährlichen Produktion. Diese Tatsache wird nicht totgeschwiegen, aber auch nicht sehr propagiert. Es wäre für das Image der Trüffeln negativ und könnte mittelfristig die Preise verderben, wenn sich die Meinung verbreiten würde, Trüffeln wären züchtbar; deshalb wird über dieses Thema nicht sehr viel geschrieben oder gesprochen. Eine »angebaute Trüffel« von einer natürlich entstandenen Trüffel zu unterscheiden, ist selbst für den Spezialisten nicht möglich. Trüffeln aus einer Kultivation haben keinen anderen oder gar minderen Geschmack und sehen genauso aus wie die natürlichen, da sie unter den gleichen Bedingungen wachsen.

Kriminelle Freiheiten

Verschiedene Krimis haben die geheimnisvolle und wertvolle Trüffel zum Thema. Dabei beanspruchen die Autoren gerne ein gutes Maß an schriftstellerischer Freiheit und machen selbst vor der Trüffelzucht nicht halt. Davon überzeugte ich mich an einem stürmischen Abend, den ich wohlbehalten und lesend in meinem Sessel verbrachte: In Pierre Magnans Krimi *La Violette auf Trüffelsuche* geschehen in einem Dorf in der Provence geheimnisvolle Morde. Ein recht erfolgreicher Trüffelsucher – Besitzer von Trüffelschwein Roselinde – wird von einer schmuck-

besessenen Schönheit in den Ruin getrieben. Um die Schöne bei Laune zu halten, versucht er, seine Trüffelernte zu steigern. Dazu braucht er menschliches Blut. Hat er doch in einem alten Buch von Albertus Magnus (um 1200–1280) gelesen, wie es möglich wäre, die Trüffelernte in seinem Eichenwald erheblich zu vergrößern:
»Rezept, um Trüffeln in Hülle und Fülle zu ernten, indem man die Trüffelhaine mit Menschenblut bespritzt: Nur wenn Ihr über einige Schoppen frischen Menschenblutes verfügt und es über die Trüffelhaine verteilt, werdet Ihr Euch der wunderbarsten Ernte erfreuen, die jemals ward. Die Mönche von Yeusefilt berichten es in ihrer Chronik. In jener Zeit wurde ein großer Teil der Bauern von den Grafen umzingelt in den besagten Trüffelhainen von Yeusefilt, und es geschah ein so wunderbares Gemetzel, dass die Mönche, die jene begruben, bei ihrer Fronarbeit im Blut versanken, das die Erde durchtränkte wie nach einem Platzregen. Und es verging ein Jahr und brachte die üppigste und segensreichste Trüffelernte, die man jemals sah. Die Grafen von Taillerang, die damals im Périgord ärmlich lebten, gewöhnten sich an, bei jeder Gelegenheit solch ein Gemetzel von Bauern in ihren Trüffelhainen zu veranstalten, und sie fuhren gut damit.«

Eine Anfrage an den Autor wegen etwaiger näherer Quellenangaben erhielt die freundliche Antwort per E-Mail: »*C'est de la fantaisie, sortie tout entière de l'imagination de l'auteur. Au surplus je n'ai jamais lu le Grand Albert. Cordialement vôtre, Magnan* – Das ist Phantasie, entstanden aus den Vorstellungen des Autors. Übrigens habe ich nie Albertus Magnus gelesen.
Herzlichst, Ihr Magnan«

Vom Botanischen

Die Trüffel sei das Ergebnis der Vereinigung von Blitz, Donner und Regen, meinte der Grieche Theophrast um 300 vor Christus. Er war wahrscheinlich der erste, der sich wissenschaftlich mit der Trüffel befasste. Seine Theorie war über Jahrhunderte die Grundlage zahlreicher dubioser Vermutungen und Veröffentlichungen. 350 Jahre später meinte Plinius der Ältere, die Trüffeln seien ein Geschenk des Himmels, das sich im Anschluss an einen sommerlichen Gewitterregen als Geschwulst der Erde bildet. Die Heimat der *terfezie* sei ganz sicher das »hochgelobte Afrika«. Einige Jahrzehnte später war Plutarch, der griechische Geschichtsschreiber und Philosoph, der Ansicht, Trüffeln würden quasi gezeugt von gewittrigen Kräften am Firmament, während seine Zeitgenossen meinten, Trüffeln stammten von seltsamen Wurzeln, die sich von der Mutterpflanze abgetrennt und verselbständigt haben oder auf durch Erdfermentierung erzeugte Klumpen zurückzuführen sind. Jahrhunderte später betrachteten der Klerus und der feudale Adel Trüffeln als ihr erdgewachsenes Privileg; das Volk wahrte neugierige, aber ängstliche Distanz, und Unwohlsein oder gar Todesfälle nach dem Genuss giftiger Trüffeln stärkten das mystische Bild der im Boden verborgenen Bollen nur noch weiter. Man nennt das Gewächs Tartoffel (in Bayern Artoffel), Kröten-dreck, Poggenstuhl (Krötenstuhl), Grübling, Lorch, Schweinemandel, Erdmorchel, Erdschwamm und Erdnuss. In späteren botanischen Büchern werden Trüffeln ungenau beschrieben und eher nur der Vollständigkeit halber erwähnt. Die Erwähnung unterschiedlicher Trüffelarten beschränkt sich zunächst auf die schwarzen und weißen Trüffeln.

Mit der Bezeichnung und Beschreibung der einzelnen Trüffelarten nahmen es die Pilzgelehrten nicht sehr genau. Es wurde viel abgeschrieben und noch mehr vermutet. Die »ächte« Trüffel, die *tuber gulonum*, *tuber gulosorum* oder *lycoperdon tuber*, die Leckertrüffel, entsprach wahrscheinlich der heutigen Sommertrüffel *(tuber aestivum)*, auch wenn die Beschreibung zunächst nicht ganz richtig ist. »Von runder, sich der Kugel mehr oder weniger nähernder oder eirunder, auch wohl nierenförmiger und etwas höckeriger Gestalt. Die Farbe der Oberfläche ist in der Jugend weißlich, an der völlig ausgewachsenen aber schwärzlich oder dunkelschwarz; im Inneren weißlich mit dunkleren blauweißen, bisweilen grauen, röthlichen, hellbraunen oder dunkelbraunen Adern, von der Dicke eines Pferdehaars, welche gewöhnlich vielfach verschlungen sind und eine Art Netzwerk oder Geflechte bilden. Zwischen den Adern sind die zahlreichen Höhlen mit vielem Schleim und mit kleinen, festeren, dunkleren Körnchen ausgefüllt, diese kaum sichtbaren Drüsen hat man ehemals für die Samenkörner oder zarten Keime der jungen Trüffeln ausgegeben. Je weniger das Innere der Trüffel durch dunkele Adern gefärbt ist, desto zarter und schmackhafter ist das Fleisch. Die äußerliche schwärzliche Schale ist hart und durch viele feine Risse, Körner und Erhöhungen sehr rauh und bildet mit den fast sechsseitigen kleinen Platten eine Zeichnung.« Und die Trüffel sei »den jungen Nadelholzzapfen namentlich des

Lerchenbaums etwas ähnlich«, brachte Alexander von Bornholz zusammen, den ansonsten der »eigenthümliche bisamartige Geruch«, der nach einiger Zeit »urinartig« und schließlich »völlig widerlich und faulig« ist, faszinierte.
Zu Beginn des 18. Jahrhunderts entdeckt der aus Florenz stammende Botaniker Pietro Antonio Michel die Fortpflanzung durch Sporen.

Pflanze oder Lebewesen?

Der polnische Graf Michel Jean de Borch berichtet 1780 in seinem Werk »Lettres sur les truffes de Piemont« über Trüffelsamen, über das Myzel und die Art der Fortpflanzung der Trüffeln. In der Doktorarbeit des Arztes Vittorio Pico aus dem Jahr 1788 in Turin wurde erstmals eine weiße Trüffel als *tuber magnatum* bezeichnet. So trägt die weiße Herrentrüffel nach ihrem Entdecker die Endung *pico*, also *tuber magnatum pico*. Trotzdem stritten sich noch im 19. Jahrhundert Botaniker darüber, ob die Trüffel dem Bereich Tier oder Pflanze zuzuordnen ist, oder ob sie gar eine Mischung aus beidem ist.
Erst Carlo Vittadini führt in seinem 1831 in Mailand erschienenen und heute noch aktuellen Pilzfachbuch »Monographia Tuberacearum « 51 verschiedene Trüffelarten auf und bezeichnet sie. Die von ihm entdeckten Trüffeln bekamen die Endung *Vitt.*, etwa *tuber melanosporum Vitt.*.
Trüffeln gehören der Gattung der Schlauchpilze (lat. *tuber* = Schlauch), deren Myzel (griechisch *mykes* = Pilz) im Erdboden lebt und mit den Wurzeln von Wirtspflanzen eine Symbiose, eine Lebensgemeinschaft zum gegenseitigen Nutzen, in diesem speziellen Fall zwischen Bäumen und Pilzen, auch Mykhorriza genannt, bildet. Sie sind durch hellere und dunklere, gewundene Gänge, die mit einer Fruchtschicht ausgekleidet sind, innen marmoriert. Diese Schicht enthält netzadrige oder stachelige Sporen, die bei der Fäulnis in das Erdreich fallen und damit die Reproduktion ermöglichen.
Heute ist die Fortpflanzung der Trüffeln weitgehend erforscht. Auch wenn es für den Trüffelliebhaber nicht sehr wichtig ist, wie und wann sich die Trüffeln reproduzieren, sei es erlaubt, einen höchst bemerkenswerten Abschnitt aus dem 1996 herausgegebenen wissenschaftlichen Werk »Biologie der Pilze« von Prof. Dr. H.O. Schwantes zu zitieren:
»Die hypogäischen, knolligen Ascomata der Tuberales (Trüffeln) erfreuen sich alters her als Speisepilze großer Beliebtheit. [...] Das haploide Myzel bildet nach einem entsprechenden Zuwachs im Laufe des Sommers dichte Hyphenknäuel, die Fruchtkörperinitialen, in denen zwischen den haploiden Hyphen somatogame Kopulation einsetzt. Das daraus entstehende dikaryotische ascogene Myzel zeigt Schnallenbildung bei jeder einzelnen Hyphenaufgliederung. Dieses und das Fehlen von Gametangien sind Eigenschaften, wie wir sie bei den Basidiomyceten fast als Regel kennenlernen werden. Am Ende des ascogenen Hyphen entstehen die rundlich, keulenförmigen Asci mit meist drei bis fünf dunklen, stark skulpturierten Ascosporen.«

Hyphen und Myzel

In vereinfachter Form lässt sich die Entstehung der Trüffeln, deren verschiedene Arten zu verschiedenen Jahreszeiten entstehen, wachsen und reifen, folgendermaßen erklären:
Die als Hyphen bezeichneten Pilzfäden bilden in der Gesamtheit das Myzel der Trüffeln, eine Art Fadengeflecht, ein verzweigter Vegetationskörper, das sich in unterschiedlicher Tiefe durch das Erdreich zieht
Feine Wurzeln der Wirtspflanze, das können Bäume, aber auch Sträucher oder Gras sein, treffen auf die Hyphen, die Pilzfäden, und werden von diesen ummantelt. Es entstehen Hyphenknäuel, die die Grundlage der Fruchtkörper der Trüffeln sind. Durch den Austausch von Nährstoffen wachsen die Fruchtkörper heran und lockern die Erde. Der Pilz liefert der Wirtspflanze Wasser und Mineralsalze, der Wirt versorgt den Parasiten mit Kohlehydraten und Chlorophyll. Durch das Wachstum verändert sich die Lage der Fruchtkörper, und der direkte Anschluss und damit die Versorgung durch die Wirtspflanze ist beendet. Die Trüffel nimmt dann nur noch durch das Peridium, durch die Schale, Feuchtigkeit und Nährstoffe auf. Das immer noch vorhandene Myzel und die Trüffel entziehen beispielsweise dem darüberliegenden Gras Nährstoffe, welches dann abstirbt. So entstehen um einen Baum herum kreisförmige Stellen mit sogenanntem »verbrannten« Gras, ein Zeichen für die Entstehung oder für die Existenz eines Myzels und ein Hinweis auf das mögliche Vorhandensein von Trüffeln. Nebenbei bemerkt: Vor allem in Spanien gibt es immer noch ein paar Leute, die glauben, Trüffeln würden vom Teufel kommen, weil sie den Boden »verbrennen« lassen. *Terra bruciata* nennen die Italiener diese kreisrunden Flecken, die durch den Parasiten-Trüffel entstehen. In Frankreich schreibt der Aberglaube den Trüffeln dämonische Kräfte zu, und wer nachts Trüffelgebiete durchqueren muss, bekreuzigt sich.
Trüffeln bestehen hauptsächlich aus Wasser (im Schnitt zu etwa 67 Prozent) sowie aus organischen Substanzen wie Kalium, Kalzium, Magnesium, verschiedenen Salzen und einem hohen Proteinanteil. 100 Gramm Trüffelsubstanz haben im Schnitt 44 Kalorien. Und beinhalten ein halbes Gramm Fett und ein knappes dreiviertel Gramm Kohlenhydrate.

Ihr Duft ist ein wesentlicher Bestandteil der Fortpflanzungsstrategie der Trüffeln. Mäuse, Dachse und Wildschweine, aber auch Insekten werden dadurch angelockt und fressen die wohlschmeckenden und nahrhaften Fruchtkörper. Die darin enthaltenen Sporen werden, nachdem sie den Verdauungstrakt passiert haben, an anderen Plätzen abgesetzt, die dann hoffentlich für den Trüffelwuchs geeignet sind.
Auf der Welt gibt es 242 Trüffelarten. Kulinarisch verwertbare Trüffelarten lassen sich an zwei Händen abzählen. Sie kommen im mediterranen Gürtel zwischen dem 44. und 45. Breitengrad vor. Voraussetzung für ein Vorkommen sind

milde Temperaturen das ganze Jahr über, die richtige Bodenzusammensetzung, Feuchtigkeit und passende Wirtspflanzen.

Die berühmtesten Trüffelgegenden sind in Italien das Piemont mit Alba als Zentrum und die Marken mit den Orten Acqualagna und Sant'Angelo in Vado. Weniger bekannt, aber mit wesentlichen Erntemengen vertreten, sind die Regionen Molise, Emilia-Romagna, Toskana und Veneto. In Frankreich ist das Périgord das traditionelle Trüffelgebiet.
Während in Frankreich die jährlich geernteten Trüffelmengen zurückgehen, haben die in Italien 1982 erlassenen Trüffelgesetze einen Rückgang verhindert. Herrentrüffeln werden seit einigen Jahren auch in Kroatien, Istrien und Slowenien gefunden und vermarktet, wo unzählige Trüffelsucher in Goldgräbermanier ohne Ausbildung und Prüfung unterwegs sind. Die Suche ist dort für jedermann frei. Es wird an der Natur Raubbau getrieben, es wird richtiggehend geschürft. Schlecht ausgebildete Hunde zeigen die Fundstellen nicht genau an, und es werden unnötig große Löcher gegraben, die auch nicht mehr zugeschüttet werden. Dadurch werden bestehende Myzel zerstört, und die Trüffeln können sich nicht reproduzieren. Die Ernte ist zeitlich nicht durch Vorschriften begrenzt. Dadurch werden die Trüffeln regelrecht ausgeerntet. Nur wenige Trüffeln verbleiben in der Erde und können nach ihrer Fäulnis ihre Sporen in den Boden geben, um neue Myzel zu bilden. Erst in einigen Jahren werden die Behörden auch in diesen Ländern Gesetze erlassen, um wie im vorbildlichen Italien die Versorgung der globalen Gourmets für die Zukunft zu sichern.
Schon die alten Römer ließen sich die *terfezia leonis,* die im Monat Februar nach kurzen Regenfällen in den arabischen und afrikanischen Wüsten gefunden wurden, bringen. Auch heute noch wird diese Trüffelart in diesen Regionen gefunden, aber auch in Sardinien, Sizilien und Kalabrien. Sie haben allerdings keinen großen kulinarischen Wert, da ihr Duft nicht sehr intensiv ist.

Trüffelrekorde

Die meisten Trüffeln passen bequem in die Jackentaschen, für manche Trüffeln mag es von Vorteil sein, wenn die Taschen groß und zudem bereits ausgebeult sind. Nun gibt es aber aus diversen Bereichen Kurioses zur Trüffel zu berichten: etwa dass alte *trifolai* sich bei der Trüffelsuche nach dem Mond richten; die Herrentrüffel soll weißer sein, intensiver duften und länger halten, wenn sie in den ersten Nächten des abnehmenden Mondes geerntet wird. Die Trüffeln sind im übrigen viel besser zur Gesichtspflege der Damen geeignet als Gurkenscheiben. Der Extrakt der wertvollen Trüffel gibt große Mengen essentieller Mineralien an die Haut ab. Diese pushen die Kollagen- und Proteinwirkung und wirken regenerierend. Der Trüffelextrakt enthält Polysaccharide, die den Feuchtigkeitshaushalt regulieren. Ein idealer, wenn auch sehr teurer Wirkstoff, der bereits für Frauen ab Vierzig mit trockener Haut angeboten wird. Inhaber guter Parfümerien sollen schon in Erwägung gezogen haben, Trüffelhobel mit Brillanten in ihr Sortiment aufzunehmen...Und dann kommen wir natürlich auf das Thema »Größe« zu sprechen. Da erzählt man sich von erstaunlichen Begebenheiten: 1668 wurde eine gute und essbare Trüffel von einem Filippo Cortesi aus Bologna in Acqualagna im Staat Urbino (Pesaro/Italien) gefunden, die ein Gewicht von 75 *libbre* (= 25 Kilogramm) hatte und dem Kardinal Cesare Rasponi gebracht wurde, der sie an den Kardinal Flavio Ghigi, einen Neffen Papst Alexanders VII., weitergeschenkt hat.

Filippo Cortesi hatte im selben Jahr nochmals Glück und fand in derselben Gegend eine weitere kolossale Trüffel mit einem Gewicht von 40 *libbre* (=13 Kilogramm). Es muss sich um die weiße Herrentrüffel gehandelt haben.

Im Jahr 1954 schenkte der Geschäftsmann Giacomo Morra eine in San Miniato im Piemont gefundene weiße Herrentrüffel von 2520 Gramm dem 33. amerikanischen Präsidenten der USA, Harry S. Truman.

Die größte Périgord-Trüffel, auch Norcia-Trüffel oder Tatufo nero del Furlo genannt *(tuber melanosporum Vittadini)*, wurde am 26. Januar 1984 von Giuseppe Basili am Furlopass bei Acqualagna mit einem Gewicht von 1380 Gramm gefunden.

1995 fand ein anonymer Trüffelsucher im Hinterland von Acqualagna eine Sommertrüffel von 1680 Gramm.

Die Trüffel ist eben ein durch und durch erstaunliches Gewächs.

FÜR STICH

2000 g
CAPACITY 2kg
SENSITIVITY 10g
BRANDANI®
Casa & Cucina
1500
500
1000

Von der Zeitgeschichte der Trüffel

Aus der Zeit 3000 v.Chr. finden sich Hinweise über Trüffeln in Mesopotanien.

Einigen Berichten zufolge war bereits Jakob 1600 Jahre vor Christus ein Freund der Trüffeln.

Pythagoras spricht im 6. Jahrhundert vor Christus über die Trüffel und deren Fähigkeit, die Wollust zu wecken und die Potenz des Mannes zu steigern.

Gastronomische Weihen erhält die Trüffel erstmals bei einem Kochwettbewerb in Athen im 4. Jahrhundert mit dem Siegergericht »getrüffelte Pastete nach Art des Chiromenes«: klein geschnittene Trüffeln, zerkleinerte Fasanenbrust, Salz und Gewürze im Ofen gebacken. Keripes ist berühmt für seine Art Trüffeln zuzubereiten und für die Erfindung neuer Rezepte.

Theophrast (371-287 v.Chr.) befasst sich wahrscheinlich als Erster wissenschaftlich mit der Trüffel. Er betrachtet sie als eine von Erde umgebene Pflanze, wurzellos und ohne jede Verbindung - ein Ergebnis der Vereinigung von Regen, Blitz und Donner in grauen Herbsttagen.

Die Römer kennen die Trüffeln, allerdings wahrscheinlich nicht die Trüffelarten, die heutzutage verwendet werden. Die Trüffeln ihres Hochgenusses kommen aus Griechenland, Afrika und aus Lybien. Ihr Inneres ist weiß und rötlich und die Trüffeln aus Lybien sind wegen ihres feinen Geschmackes und ihres Geruches am meisten gesucht. Kaiser Nero bezeichnet sie als Götterspeise.

Gustus elementa per omnia querunt - überall sucht man Stoff zur Befriedigung des Geschmackes, meint der Satiriker Juvenal (Decimius Iunius Iuvenalis), der ca. 60-140 n. Chr. lebte, zum Thema Trüffel.

Im Mittelalter scheint die Verwendung der Trüffel als Speise in Vergessenheit zu geraten. Sie werden die Nahrung von Bären, Wölfen, Füchsen, Dachsen, Wildschweinen und Mäusen. Die Franzosen behaupten später, sie sei in ihrem Lande erst im 14. Jahrhundert aus Spanien »eingewandert« und habe lange Zeit gebraucht, bis sie »allgemeiner« wurden.

Wie vieles Gute und Große, werden Trüffeln derartig verkannt, sie werden sogar verboten. Der unter Karl VI. lebender königliche Bailli und Poet Eustache Deschamps (1346-1406/7), veröffentlicht im 215. Kapitel seines 2. Buches die fulminante Ballade Gegen die Trüffeln *»Contre les truffes«.*

In der Zeit der italienischen Renaissance, die in Urbino unter dem glanzvollen *Herzog Federico da Montefeltro - il Magnifico* - (1422-1482) ihren Ursprung hat, erlebt auch die Trüffel ihre Wiedergeburt und nimmt wieder ihren von alters her angestammten Platz auf der Tafel der Mächtigen und Reichen ein. Die Trüffeln dieser Zeit sind die schwarze Sommertrüffeln (tuber aestivum), die besser sind, als die von den Griechen und Römern geschätzte *terfezia* auch *tirmania* genannt.

Bei den üppigen Gerichten in Frankreich wird die heute unter dem Namen *Périgord-Trüffel* bekannte schwarze Trüffel *tuber melanosporum Vitt.* verwendet, in Italien als Norcia-Trüffel bezeichnet, da sie in den Wäldern um die umbrische Stadt *Norcia* häufig zu finden ist. In Mittelitalien entdeckt man die Vorzüge der weißen Herrentrüffel *tuber mgnatum pic.*, die in der Umgebung der Stadt *Acqualagna* im Hinterland von *Pesaro* und im *piemontesischen Alba* gefunden wird.

Wahrscheinlich tritt offiziell im Jahre 1502 die »wertvolle schwarze Trüffel« - *tartufo nero pregiato* - in Erscheinung, als *Lucrezia Borgia* mit ihrem Hochzeitszug von Rom nach *Ferrara*, der Heimat ihres dritten Ehemanns Alfonso d'Este, das Städtchen *Acqualagna* passiert.

Am 24. September 1506 liefert das Städtchen *Acqualagna* dem kriegerischen Papst Julius II, der gerade dabei ist, *Bologna* zu unterwerfen, einen Korb voller Herrentrüffeln, um ihn sanft zu stimmen. Der kleine Ort kann jedoch nicht der ganzen hungrigen Horde des Papstes Trüffeln anbieten. Als die Soldaten bei ihrem Rückzug nach Rom *Acqualagna* mit einem Besuch verschonen, sind die Einwohner sehr froh. Hatten sie doch große Angst, dass die Soldaten wütend waren, da sie nur dem Papst den Genuss der Trüffeln gönnen konnten.

1537 rettet sich die Stadt *Alba* vor der Belagerung durch Karl V., da sie den Souverän mit einer exquisiten *fonduta al tartufo* verwöhnt - mit geschmolzenem, milden *Fondinakäse* und weißen Trüffeln.

1564 erscheint in *Padua* von dem aus *Bevagna* stammenden Arzt *Alfonso Ciccarelli* das Werk *»Oposcolum de* Tuberibus«, nach dem die besten Trüffeln in Umbrien aus Spoleto stammen sollen, die Region Le Marche jedoch das berühmteste Trüffelgebiet Italiens wäre.

1570 trägt *Bartolomeo Scappi*, der Koch Papst *Pius V.* mit seinen Rezepten in seinem *»Epulario«* sehr zum kulinarischem Ruf der Trüffeln bei. In einem der Rezepte verwendet er *tartufali netti dell'arena* und kann dabei sicherlich noch nicht den großen Unterschied zwischen diesen weniger guten *terfezie* und den schon bekannten Herrentrüffeln, gewusst haben.

1585 schrieb *Durante*, dass die schwarze Trüffel männlich und besser als die weiße Trüffel wäre, da diese weiblich sind.

Junge Eichen wie im Lehrbuch – hier wird man sicher weiße Trüffeln (tuber magnatum) finden

1596 erscheint in Venedig das Buch »*Trattato della natura*« von dem bologneser Arzt *Baldassarre Pisanelli* mit Empfehlungen, wie Trüffeln zuzubereiten sind, allerdings in einer Art, die aus heutiger Sicht befremdet: gekocht essen, mit viel Knoblauch, Pfeffer und Zitrone oder auch in fetter Brühe mit Zimt gekocht.

Im 16. Jahrhundert werden Hunde von der Rasse *Lagotto* in der *Emilia* in den Lagunen um Ravenna für die Trüffelsuche ausgebildet und eingesetzt.

Am 8. Mai 1606 verfügt der Herzog von *Urbino, Francesco Maria II.* die erste Maßnahme zum Schutz von Trüffelwäldern. Man weiß von der symbiotischen Verbindung zwischen Trüffeln und bestimmten Bäumen. Die Maßnahmen beziehen sich auf Eichen und Ulmen und regulieren das Baumfällen, das maximal auf einem Viertel der gesamten Waldflächen beschränkt wird, offiziell, um die Holzvorräte zu schützen. In Wahrheit aber wissen die forestalen Verwalter sehr wohl um die Zusammenhänge des gepflegten Baumbestandes und der sehr umfangreichen und einträglichen Trüffelproduktion im Herzogtum.

Im Jahre 1668 wird in der Chronik der Universität *Urbino* ein Eintrag über einen bemerkenswerten Fund zweier Trüffel vorgenommen, die 25 und 13 kg wiegen. Der Finder heißt *Filippo Cortesi* und stammt aus *Bologna* und bringt seinen Fund dem Kardinal *Cesare Rasponi*, der sie dem Kardinal *Flavio Ghigi,* einem Neffen von Papst *Alexander dem VII.* weiter schenkt.

In der französischen Küche entwickeln sich erst im 17. Jahrhundert die Trüffeln zu einem ganz gewöhnlichen Gegenstand.

Im 18. Jahrhundert werden in Südbaden schwarze Trüffel in großer Menge geerntet. Sie werden nach Frankreich gebracht, als Périgord-Trüffel in Strasbourg in der Gänseleberpastete verarbeitet aber auch wieder nach Deutschland »reimportiert«.

1729 entdeckt der Florentiner Botaniker *Pietro Antonio Michel* (1679–1737), dass sich die Trüffeln durch Sporen fortpflanzen.

1780 berichtet der polnische Adelige De Borch in seinem Werk »*Lettres sur les truffes de Piemont*« über Trüffelsamen, über das Myzel und die Art der Fortpflanzung der Trüffeln. Sein Name findet sich bei der botanischen Bezeichnung der weißen Märztrüffel, der *tuber borchi.*

1788 *Pico* schreibt in Turin seine Doktorarbeit im Fach Medizin über Pilze und beschreibt zum ersten Mal die weiße Trüffel als *tuber magnatum*. Botanisch lautet die Bezeichnung *tuber magnatum pico*. Alle von ihm beschriebenen Trüffelarten enden haben nun den Appendix »*pico*«.

1815 bringt *Charles Maurice de Talleyrand* (1754–1838) dem Koch *Maire-Antonie Carême* (1784–1833) zum Wiener Kongress Trüffeln mit und sorgt damit für eine gute Verhandlungsatmosphäre, die bekanntlich Frankreich bei der europäischen Neuordnung nach den Napoleonischen Kriegen ein noch recht gutes Ergebnis ermöglicht.

1827 stritten sich noch Botaniker darüber, ob die Trüffel ein Lebewesen, eine Pflanze oder gar beides ist.

1831 Carlo Vittadini (1800–1865) veröffentlicht in Mailand das noch heute gültige Pilzfachbuch *Monographia Tuberacearum* und führt 51 verschiedene Trüffelarten auf. Die von ihm beschriebenen Trüffelarten erhalten den Anhang »*vitt.*« z. B. *tuber melanosporum vitt.*

In seinem Werk »*Physiologie du Goût*« (1856) schreibt der *Gastrosoph Anthelme Brillat-Savarin* einige Kapitel über die Trüffeln. »Die Auferstehung der Trüffeln ist ziemlich neuen Datums, denn ich habe mehrere ältere Lehrbücher gelesen, wo keine Rede von ihnen ist«. Das mag für Frankreich gelten, zu den vielen Veröffentlichungen in Italien hatte Monsieur *Savarin* sicherlich keinen Zugang. »Die Trüffeln waren im Jahr 1780 in Paris selten, man fand nur wenige im *Hôtel des Amériquains* und im *Hôtel de Provence* in Paris. Ein Truthahn mit Trüffeln war ein Luxusgegenstand, den man nur auf der Tafel der Größten Herrschaften oder Unternehmern fand. In dem Augenblick, wo ich schreibe, ist der Ruhm der Trüffel auf seinem Höhepunkt angelangt. Man wagt nicht, seine Gegenwart bei einem festlichen Mahle einzugestehen, wo nicht eine Schüssel mit Trüffeln gewesen wäre. Wie gut eine Vorspeise sein mag, sie präsentiert sich schlecht, wenn sie nicht mit Trüffeln garniert ist. Die Herrin des Hauses behält sich vor, gebackene Trüffeln selbst zu servieren – kurz der Trüffel ist der Diamant der Küche.«

1862 *Tulasne* schreibt in seinem in Paris erschienenen *Funghi Hipogae* über die Struktur der Trüffeln und über deren Fortpflanzung.

1867 entdeckt *Gibellini*, dass das *Myzel* der Trüffeln die feinen Wurzeln umgarnt in deren Symbiose sie leben und in etwa die Funktion von Haarwurzeln haben.

1892 veröffentlicht *Chatin* in Paris das Buch *La Truffe* und beschreibt seine Entdeckung, nach welcher die schwarzen Trüffeln der im *Mesozoikum* geprägten Gebiete, besonders des Juras (Ende der Entstehung vor ca. 145 Millionen Jahren) bevorzugen, die weißen Trüffeln jedoch die Gebiete des *Känozoikums* (Erdneuzeit). Der Geschmack der Trüffeln hängt von der Art des Bodens und von der Wirtspflanze ab.

1895 erscheint das Hauptwerk »*Piccolo Mondo Antico*« von *Antonio Fogazzaro*, das mit einem Rezept *risotto e tartufi* beginnt.

Der heute noch anhaltende Ruf der Trüffeln gründet sich auf eine Werbeaktion, die kluge Geschäftsleute und Politiker aus dem *Piemont* in den Fünfzigerjahren einleiten. Sie holen berühmte Persönlichkeiten aus Film und Politik ins Piemont und machen sie zu Trüffelliebhabern.

1954 schenkt der Geschäftsmann *Giacomo Morra (Piemont)* eine in *San Miniato* gefundene weiße Herrentrüffel (*tuber magnatum pico*) mit einem Gewicht von 2.520 Gramm an den 33. amerikanischen Präsidenten *Harry S. Truman.*

1974 bekommt der 39. amerikanische Präsident *Jimmy Carter* von der Stadt *Alba* eine Trüffel von über zwei Kilogramm geschenkt. Es wird erzählt, dass auf die Nachfrage an den Präsidentenkoch, wie denn die Trüffel so war, dieser meint, sie hätte ziemlich lange gekocht werden müssen, bis sie gar war.

1982 wird in Italien ein Gesetz zum Schutz und zur Förderung der Trüffelproduktion erlassen. Es wird der *tesserino per la ricerca di tartufi*, der erst nach einer schriftlichen und mündlichen Prüfung ausgestellt wird und für jeden Trüffelsucher obligatorisch ist. Verstöße werden mit hohen Geldstrafen und bis zum Entzug des Ausweises belegt.

1995 erwirbt *Luigi Grilli,* Inhaberin des Trüffelgroßhandels *Tofani*, eine in *Acqualagna* gefundene Sommertrüffel (*tuber aestivum)* mit einem Gewicht von 1.680 Gramm.

Ende des 20. Jahrhunderts fangen viele Forscher vom Thema »Trüffel« Feuer: *Bucholtz, Mattirolo, Malecon, Cerruti, Mannozzi, Torini* und weitere. *Helen Gilkey* schrieb über Trüffeln in Kalifornien und Nordamerika wie beispielsweise des *tuber texensis*, in *Giorgia* vorkommend. *Prof. Heinrich Karg* von der Universität Weihenstephan bei München weist 1979 ein Dufthormon in den Trüffeln nach, die dem Sexualhormon des Ebers entspricht.

Von der erotischen Eigenschaft der Trüffel

Der Duft oder der Geruch einer Trüffel hängt davon ab, von welcher Sorte sie ist, von der Bodenbeschaffenheit, von der Wirtspflanze und vom Reifegrad. Die Menschheit teilt sich bezüglich der Trüffeln in zwei Lager – für das eine duftet sie, dem anderen stinkt sie. Weil sie so teuer sind und das Unterbewusstsein den Duft zum Gestank macht? Oder liegen andere Gründe vor?
Die Menschen schätzen die Trüffel – in einem alten Text auch Brunstkugel genannt – schon seit langem als Delikatesse und als Aphrodisiakum, ebenso wie den Sellerie, der gleichfalls Spuren von Androstenon enthält. Pythagoras beschreibt im sechsten Jahrhundert vor Christus die Eigenschaft der Trüffeln, Wollust zu wecken und die Potenz des Mannes zu steigern. Die Griechen dankten ihrem nach Unteritalien ausgewanderten Philosophen seine Erkenntnisse, indem sie die Trüffel der Liebesgöttin Aphrodite widmeten. Römische Ärzte verschrieben in der Antike die »Frucht der Venus« gegen Impotenz. Der Lebensmittelwissenschaftler Prof. Dr. Volker Pudel meinte einmal auf die Frage, ob Sellerie tatsächlich potenzfördernd wäre, »es käme lediglich darauf an, wie er befestigt wird«. Sollte die jammervolle Aussage auch für die Trüffeln gelten?
Dass guter Rat teuer ist, belegt die tragikomische Geschichte des Duke of Clarence, der eine italienische Verlobte aus altem Piemonteser Adel hatte. Die Auserwählte brachte als Mitgift die Trüffelberge von Alba mit in die Ehe. Das war im Jahr 1368. Die Hochzeit fand in der Heimatgemeinde der Braut statt, und die Wirkung der Trüffeln war wohlbekannt und willkommen. Der bejahrte britische Duke soll sich, um seine junge Frau in der Hochzeitsnacht entsprechend zufriedenstellen zu können, dermaßen mit Trüffeln vollgestopft haben, dass er, noch bevor er die Probe aufs Exempel machen konnte, daran starb.
In Deutschland beobachtete man mit Argusaugen, dass Edelhirsche die Hirschtrüffel (*tuber cervinum)* begierig – so schien es – suchten, und schloss daraus, dass sie den Geschlechtstrieb derselben erwecken würden. Der Hirschtrüffel besonders, aber auch anderen Arten, »legte man eine zur Wollust treibende Kraft bei, und mancher Wüstling genießt diesen Schwamm nicht des Wohlgeschmackes wegen, sondern um den durch Ausschweifungen abgestumpften Trieb neu zu beleben«.

Unterröcke und Bärte

»Wer Trüffeln sagt, spricht gelassen ein großes Wort aus, das Erinnerungen der Liebe und des Feingeschmackes bei dem Geschlechte, welches Unterröcke trägt, und Erinnerungen des Feingeschmackes und der Liebe bei dem Geschlechte, welches Bärte trägt« (man beachte die Reihenfolge!) erweckt, informiert uns Brillat-Savarin in seinem Buch »Physiologie du Goût« aus dem Jahre 1825.

»Diese ehrenvolle Doppeleigenschaft kommt daher, dass dieser ausgezeichnete Bollen nicht allein einen himmlischen Geschmack hat, sondern auch, weil man in frommem Glauben ihm die Eigenschaft beimisst, eine Fähigkeit zu erhöhen, deren Übung von dem süßesten Vergnügen begleitet ist.« Brillat-Savarin empfahl Trüffeln im übrigen auch bei etwaigen hysterischen Anfällen der Damen.
Im 16. Jahrhundert wurde die weiße Herrentrüffel als Lebenselixier angesehen, da sie vermeintlich weiblich war. Der Schriftsteller Durante meinte, die schwarzen Trüffeln wären männlich und deshalb besser als die weißen, die weiblichen. Die Alten an der Furloschlucht in den Marken erzählen es sich voller Überzeugung noch heute. Wenn ein junger Mann einem Mädchen ein Kompliment machen wollte, erklärte er schmachtend: Du bist die weiße Trüffel meines Lebens. Zumindest zweideutig war das Kompliment der *ragazza* an den jungen Mann, für sie *un tartufo nero del Furlo* zu sein. Im Volksmund bedeutet *tartufo* auch Heuchler, worüber Betroffene nachdenken sollten.

Der Trüffelprofessor

Über die sexuelle Wirkung der Trüffeln wird also seit jeher gemutmaßt, geschrieben und gesprochen. Irgend etwas muss doch dran sein. Die *Comunità montana del Furlo*, die Vereinigung der Berggemeinden im Hinterland von Pesaro, ist die zuständige Behörde für die Jagd und für die Pilz- und Trüffelsuche. In einer Publikation über Trüffeln stieß ich auf den Namen Karg. Ich begab mich auf die Suche und machte Professor Dr. Heinrich Karg, einen emeritierten Veterinär der Universität Weihenstephan, in München ausfindig. Schon bald lernte ich ihn persönlich in seiner Wohnung am Englischen Garten als einen feinen älteren Herrn, aber gleichzeitig als einen urbajuwarischen Viechdoktor kennen. Ich brachte ihm als kleines Geschenk eine ungeputzte, 80 Gramm schwere Sommertrüffel mit, die Attila und ich am Tag zuvor gefunden hatten.
Eine Sommertrüffel! – die schaut ja *voglwuid* aus (vogelwild – bayerischer Ausdruck großer Verwunderung)! – Nun, erwiderte ich, die ist ja auch noch nicht geputzt, aber sie duftet recht intensiv, mit Verlaub, sie stinkt. Im Flugzeug haben die Leute ziemlich angewidert in die Runde geschaut, als ich nach der Landung in München die Klappe des Handgepäckfachs wieder geöffnet hatte.
Aber das ist es doch gerade. Genau dieser Geruch hat mich veranlasst, meine Forschungsarbeiten über die Trüffel anzustellen.
Der Professor erzählte mir von seinen Aktivitäten als Forscher in den achtziger Jahren. Ganz nebenbei erfuhr ich von wissenschaftlichen Publikationen über das Sperma der braunen Meeresalge, von den Lock- und Köderstoffen von im Stall lebenden Fliegenarten, von der Mäuseschwangerschaft oder von der biologischen Bedeutung des Präorbitalorgans und des Individualgeruchs beim Rotwild und Näheres über dergleichen Forschungsgrundlagen, die letztendlich zur vollständigen Entlarvung der Trüffel durch den Professor geführt haben.

So ein Hund

Prof. Karg forschte in dieser Zeit an einem Thema, das vor allem für norwegische und englische Schweinezüchter von großem Interesse war. Es sollte der optimale Zeitpunkt der Ferkelkastration festgestellt werden. Männliche Ferkel müssen kastriert werden, bevor sie pubertieren, da sonst der sogenannte Ebergeschmack in das Fleisch gerät, das dann ungenießbar wird. Sobald sie kastriert sind, verlangsamt sich das Wachstum der Ferkel, was für die Fleischproduzenten von einigem Nachteil ist. Also sollte der allerspäteste Zeitpunkt erforscht werden, zu dem die Kastration erfolgen konnte. Im Rahmen dieser Forschungsarbeiten stellten Prof. Karg und seine Assistenten fest, dass »ebriges« Schweinefleisch und Pastinaken und Sellerie identische Duftstoffe, die Sexuallockstoffen gleichen, haben.

Das war natürlich eine Sensation. Eine alte Volksweisheit fiel mir ein: »Freu dich Liebchen, heute gibt's Selleriesalat.« Und die Information brachte mich auf einen Gedanken: Ich ging auf den Viktualienmarkt und kaufte ein paar weiße Trüffeln, Herrentrüffeln, und gab sie zur Untersuchung in ein Labor. Die Ergebnisse waren erwartungsgemäß positiv: die Trüffeln enthielten die gleichen Pheromone (Duftstoffe) wie des Ebers Sexualhormon. Ob das für die schwarzen Trüffeln, die ich von der Straßburger *foie gras* kannte, ebenfalls zutraf? Ich erinnerte mich eines französischen Kollegen, rief ihn an und bat ihn, bei seinem nächsten Besuch in München Périgord-Trüffeln mitzubringen, für rein wissenschaftliche Zwecke. Eine kleine Menge davon haben wir dann im Labor untersucht – gleiches Ergebnis wie bei den weißen Trüffeln. Den Rest analysierten wir – rein wissenschaftlich – zusammen mit dem Kollegen, bei Portwein und Rinderfilet. Auch dieses Ergebnis war sensationell; kulinarisch gesehen.

Symposion »Bewegte Medizin«

Im Rahmen des Symposions »Bewegte Medizin« vor nunmehr dreißig Jahren in München trug Prof. Karg das Ergebnis seiner Trüffelforschungen vor. Es folgt – mit ausdrücklich angenehmer Genehmigung des Autors – ein für Nicht-Wissenschaftler verständliches und auf die Trüffel und das Trüffelschwein bezogenes Extrakt dieser von dem anwesenden, sehr seriösen Auditorium interessiert und amüsiert aufgenommenen Ausführungen.

Als der Perserkönig Kambyses II. gestorben war – so berichtet Herodot –, einigten sich die sechs Kandidaten für die Nachfolge auf folgenden Wahlmodus: Sie wollten am anderen Morgen vor das Stadttor reiten. Wessen Pferd bei Sonnenaufgang als erstes wiehere, der sollte die Herrschaft erhalten. Oibares, der kluge Stallmeister des Darius, half ein wenig nach. Er verbarg seine Hand, die er mit dem Geschlechtssekret der Lieblingsstute von Darius' Hengst benetzt hatte, in der Hosentasche. Als bei Sonnenaufgang die Pferde abreiten sollten, zog

Oibares die Hand heraus und hielt sie unter die Nüstern des Hengstes von Darius. Der schnaubte und wieherte. So war Darius zum König ernannt worden.
Soweit der Bericht Herodots, in dem anschaulich die Wirkung von Pheromonen – hier mit weltgeschichtlichen Folgen – mitgeteilt wurde, im Jahr 522 vor Christus.

Dem einen stinkt's...

Der Eber produziert Sexualsteroide (biologisch wichtige organische Verbindungen), die eine definierte Pheromonwirkung (Pheromon = Wirkstoff, der nach außen abgegeben wird und auf andere Individuen der gleichen Art Einfluss hat) auf weibliche Schweine haben und die identisch sind mit entsprechenden Verbindungen, die auch bei Hominiden (Angehörige einer Ordnung von Lebewesen, die aus dem heutigen Menschen und seinen Vorläufern sowie den Menschenaffen besteht) nachgewiesen sind. Es handelt sich um die moschusartige Komponente 5a-Androst-16-en3a-ol, die dem Eberfleisch den unerwünschten Geruch gibt und die auch im Urin des Menschen, vor allem des Mannes, in erheblichen Mengen ausgeschieden wird, aber auch im Achselschweiß des Mannes nachzuweisen ist. Außerdem findet sich im Achselschweiß des Mannes noch die urinartig riechende Komponente 5a-Androst-16-en-3a-on in allerdings stark schwankenden Mengen.
Der Eber synthetisiert sein »Herrenparfüm« auf einem Nebensyntheseweg in den Hoden aus den gleichen Vorstufen, aus denen auch die Androgene (männliche Geschlechtshormone) aufgebaut werden. Anscheinend findet dann in den Speicheldrüsen eine Metabolisierung (Umwandlung) statt, die ein individuelles Mischungsverhältnis ermöglicht. Das Pheromon wird dann durch Schlagen des Speichels zu Schaum abgegeben, wenn sich der Eber einem paarungsbereiten Weibchen nähert.
Dieses Pheromon wurde übrigens auch in einen Spray eingearbeitet; dieser »Doseneber« wird bei der künstlichen Samenübertragung verwendet, um das weibliche Tier zum Stillhalten zu veranlassen.
Auch war ein »Herrenparfüm«, das dieses Pheromon enthielt und das nach Moschus duftete, auf dem Markt. Nur für kurze Zeit. Es wurde verboten – warum auch immer. In einem Parfüm der Männerserie von Boss soll eine »ungewöhnliche Kopfnote mit raffiniertem Kontrast zu exotischen Gewürzen und einer Spur echtem Trüffel« herauszuriechen sein.
Die Hirschtrüffel, die vor knapp tausend Jahren den Männern in getrockneter und zerriebener Form als »Liebespulver« diente, soll noch heute in der Kaninchenzucht verwendet werden, um müde Rammler zu aktivieren.

Sauerei

Im Piemont ist es strafbewährt verboten, Trüffeln in öffentlichen Verkehrsmitteln zu transportieren. Duft zieht an, Gestank stößt ab. Für manche haben Trüffeln einen lüsternen Duft. Tatsächlich haben gut reife Trüffeln einen spermaähnlichen Geruch. Wurden deshalb im Altertum die Trüffeln »Hoden der Erde« genannt? Nun hat der Eber keinen Achselschweiß aber er lockt mit dem Pheromon in seinem Speichel über Kilometer eine empfängnisbereite Sau an. Käme sie näher, verfiele sie durch dieses Sexualhormon zunächst in die sogenannte »Duldungsstarre« und dann dem bedrängenden Eber. Durch Versprühen von diesem Duftstoff und durch Druck auf den Rücken kann der Sau also eine bevorstehende Paarung vorgegaukelt werden. Der Mensch nutzt seit Jahrhunderten diesen Mechanismus schamlos zu seinem Vorteil aus. Die arme Sau wittert unter dem Waldboden ihren schweinischen Märchenprinz, pflügt mit der Schnauze durch die Erde und findet vielleicht so einen sau-blöden Pilz, den ihr der egoistische Trüffelsucher dann auch noch wegnimmt.
In einer Versuchsreihe im Rahmen der Forschungsarbeit von Prof. Karg, wurden Geruchsempfindungen von Frauen und Männer auf den ebrigen Geruch dokumentiert. Unter den starken Reagenten waren erheblich mehr Frauen, unter den nicht Reagierenden mehr Männer.
Von großen Männern der Geschichte sind uns »Gerüchte« überliefert, die, wenn sie auch diese Forschungsergebnisse nicht bestätigen, doch anrüchig genug sind, hier erwähnt zu werden. Ludwig XIV., der Sonnenkönig, liebte den Schweißgeruch über alles, weswegen er seiner Dienerschaft verbot, sich zu waschen. Napoleon Bonaparte schrieb seiner Josefine vor seinem Besuch: Wasche dich nicht, ich komme in vierzehn Tagen.

Attila stolz vor seiner Riesenbeute

Von Erstunkenem und Erlogenem

Teure Lebensmittel, Weine, Kunst und andere Dinge, die, wie allgemein angenommen wird, ganz offensichtlich von Lebensstil zeugen, rufen viele Kenner auf den Plan – und solche, die es gerne sein wollen. Wer bestimmte Dinge hat, weiß auch besonders gut Bescheid. Nun gibt es aber freilich auch solche, die zwar nicht Bescheid wissen, aber dennoch zu den Besitzern gehören möchten. Das ist eine Beobachtung, die man machen kann, eine andere ist: Niemand blamiert sich gern – natürlich nicht. Menschen gehen nun einmal gern als Überlegene durch die Welt; nicht nur bei Aktiengeschäften spricht man eher von den Gewinnen, auch beim Golf oder bei amourösen Abenteuern. Ungerne, und nur wenn es nicht anders geht, werden Niederlagen zugegeben. Angst vor der Blamage schützt den Betrug, der nicht existenzbedrohend, aber peinlich ist. So wird der Geruch eines umgestandenen Weines schon mal zum Barriqueduft. Und wer in einem Feinkostgeschäft ahnungslos eine bereits alt gewordene Trüffel erworben hat und sie sich und den Gästen über die Pasta hobelt, wird ebenso wie die Gäste eher vornehm schweigen, anstatt sich laut über die buchstäbliche Geschmacklosigkeit zu empören.

Wunderbare Gewichtsverminderung

Ein Besuch auf dem Trüffelmarkt von Acqualagna oder Alba ist ein großes Erlebnis. Es riecht dort von Oktober bis Dezember an allen Ecken und Enden nach den Herrentrüffeln. Der Kenner muss hier einkaufen. Da taucht auch schon ein kleines, altes Männchen auf, runzeliges Gesicht, Schiebermütze, viel zu große Brille, und nimmt den Kenner beiseite, holt aus der Tasche der verbeulten Jacke eine Handvoll zerknülltes Papier, das er nervös auseinanderzieht. Es kommen ein paar aprikosengroße Erdklumpen zum Vorschein, die er uns unter die Nase hält – ah, welch intensiver Duft. Was kosten sie? Eine Briefwaage eines Kollegen in der Nähe zeigt für die drei Trüffelchen 96 Gramm an. Der Preis wird vereinbart, wir schauen kritisch und abweisend, aber es nützt nichts. Der Preis bleibt, 250 Euro, wir haben eh keine Chance, zu beurteilen, ob er in Ordnung ist. Wir nehmen die Trüffeln und freuen uns auf Tagliatelle mit endlich mal mehr als nur drei dünnen Scheibchen Trüffeln darüber. Trüffeln halten sich am besten, wenn sie nicht geputzt sind, noch von der eigenen Erde umhüllt, bis sie verarbeitet werden. Der Geruch verfolgt uns auf unserer Heimfahrt mit dem Auto durch das Marmeladenglas hindurch aus dem Kofferraum bis in den Innenraum unseres Fahrzeuges und entfacht kulinarische Träume in uns. Siehe auch Kapitel »Der beste Ort«. Zu Hause angekommen, bereiten wir umgehend unsere Traumnudeln und holen die Trüffeln aus dem Gemüsefach und dem Marmeladenglas. Vorsichtig mit einer weichen Bürste unter Wasser säubern, hat man uns gesagt. Beim Bürsten der ersten Trüffel fallen einige Lehmklumpen ab und einige Beschädigungen, die zugekittet waren, werden sichtbar. Von einer 30-Gramm-Trüffel bleiben gerade noch 19 Gramm, wie uns unsere Briefwaage schonungslos informiert. Nun die zweite. Lehm geht ab, und einige kleine Löcher kommen zum Vorschein, Insekten? Mit einem spitzen Messer pulen wir ein kleines Metallstück heraus, eine Schrotkugel; und dann noch ein paar. 20 Gramm bleiben von 30 übrig. Die dritte wird sehr kritisch beäugt. Nur wenig Lehm ist dran, aber sie ist weich wie ein Gummiball, also schon einige Tage alt. Die Enttäuschung ist groß – nicht die Blamage, denn die eingeladenen Freunde werden nichts davon erfahren. Ihre Verzückung über das, was außer Lehm, Schrot und der vergammelten Trüffel geblieben ist, lässt alles vergessen; und ein paar Tropfen des mitgebrachten Trüffelöls.

Hübsch angerichteter Betrug

Es gibt Restaurants – nicht nur in Italien –, da werden weiße Trüffeln auch im Frühjahr angeboten. Nach der Vorstellung des Gastes handelt es sich natürlich um teure Herrentrüffeln. Die gibt es aber nur von Oktober bis Dezember. Die weiße Frühjahrstrüffel *(tuber borchi)* ist von der Qualität nicht vergleichbar und kostet nur einen Bruchteil der Herrentrüffel. Sie riecht oft ordinär und belastet leicht den Magen, was schnell und eindeutig festzustellen ist. Nun findet man zu dieser Zeit schwarze Wiesentrüffeln *(tartufo del campo)*, die innen weiß sind. Auch die ersten Sommertrüffeln (*tuber aestivum*), ebenso innen weiß-beige, gibt es. Wenn das schwarze Peridium, die Außenhaut, abgerieben oder abgeschnitten und etwas Trüffelöl hinzugegeben wird, liegt der Betrug hübsch angerichtet auf dem Teller.
Im 18. Jahrhundert wurden Verbraucher im größeren Stil hinters Licht geführt: In Südbaden wurden schwarze Trüffeln in beachtlichen Mengen geerntet, die nach Frankreich gebracht, als Périgord-Trüffeln in Straßburg in der Gänseleberpastete verarbeitet und dann wieder nach Deutschland »reimportiert« wurden.

Polizeilich verbotene Trüffeln

Bereits in der Ausgabe der Zeitschrift für »Untersuchung der Nahrungs- und Genussmittel sowie der Gebrauchsgegenstände« vom 15. Februar 1911 wurde eine Mitteilung aus dem Mykologischen Institut der königlichen Forstakademie in Hannoversch-Münden veröffentlicht. Darin ist von häufigen Fällen von Pilzvergiftungen zu lesen, die besonders bei den Trüffelarten eintreffen, die zur Herstellung von Würsten, Pasteten und ähnlichem Verwendung finden. »Da die echte, durch ihr eigenartiges Aroma ausgezeichnete Trüffel sehr hoch im Preise steht, kommt außerdem die Verwendung von Surrogaten (Aromen und Ersatzstoffe minderer Art) in Betracht, deren Unterscheidung bei feineren, damit gewürzten

und in den Handel kommenden Speisen für die Nahrungsmittel-Kontrolle von Bedeutung ist.«

In derselben Ausgabe wird darauf hingewiesen, dass »neben der echten französischen Périgord-Trüffel, noch andere Arten in den Handel kommen, wie die hauptsächlich in Nord-und Westdeutschland verbreitete deutsche oder hannoversche Trüffel und die besonders in Oberschlesien unter dem Namen weiße Trüffel bekannte tuber album *(choeromyces gibbosus)*. Diese Pilze, insbesondere auch *choeromyces*, stehen aber, was ihr Aroma und ihren Geschmack anbelangt, weit hinter der französischen Trüffel zurück und müssen daher auch geringer bewertet werden als jene.«

Und besonders vorsehen sollte man sich vor einem anderen Pilz, welcher häufig mit der echten Trüffel verwechselt oder als Ersatz für diese in den Handel gebracht wird. »Dies ist die sogenannte falsche Trüffel *scleroderma vulgare*. Dieser Pilz bildet der äußeren Erscheinung nach ähnlich wie die Trüffel knollenförmige, runde oder längliche Fruchtkörper, gehört aber einer ganz anderen Pilzklasse an. Werden die außenliegenden (netzartigen) Myzelstränge abgerieben und der Pilz nach unten rund zugeschnitten, so sieht er äußerlich der Trüffel sehr ähnlich und kommt dann meist in Scheiben geschnitten in den Handel. Abgesehen davon, dass der Geschmack unangenehm und durchaus nicht trüffelartig ist, muss er wohl mit Recht als giftig betrachtet werden, der unangenehme Erkrankungen hervorruft. Sein Feilhalten ist daher in Schlesien polizeilich verboten.«

Trüffelöl

Noch vor nicht sehr langer Zeit wurde in einer Reihe von Gerichten auf den Altären der *Haute Cuisine* Trüffelöl verwendet. Der intensive Geschmack zog sich durch Kartoffelsuppen, Spargelsaucen, Nudeln, Salate. »Kenner« bemerkten recht schnell, wenn Trüffelöl im Spiel war, und stiegen ob ihres feinen Spürsinnes bei den ehrfürchtigen Mitessern gehörig in der Achtung. Heute hat es sich in den Feinschmeckertempeln ausgeduftet, jetzt ist zunächst und bis auf weiteres der Aceto balsamico dran. Das abgetakelte Trüffelöl steht nun im dezenten 55-Milliliter-Fläschchen in den privaten Küchen. Wie einst die eckige braune Maggiflasche mit dem roten Ausgießer.

Trüffelöl wird aus mehr oder weniger gutem Olivenöl hergestellt und kostet von fünf bis 15 Euro – eine zunächst schwer verständliche Preisspanne. Die Intensität des Duftes ist umwerfend, selten aber die Qualität. Der intensive Trüffelgeschmack, es geht ausschließlich um den Geschmack der Herrentrüffel, wird durch zugefügte Aromen erreicht.

Olivenöle – auch extra vergine – haben eine Preisspanne von vier bis 25 Euro pro Liter. Die Bezeichnung »extra vergine« hat nichts mit der Qualität und der Art der Herstellung des Öls zu tun. Sie bedeutet lediglich, dass ein bestimmter Säuregrad den Richtlinien der EU entsprechen muss. Die von der EU vorgeschriebene Angabe des Herstellungsortes sagt nichts über die Herkunft der Oli-

ven aus. Sie können als Billigware durchaus ein oder zwei Wochen von Marokko oder einem anderen entfernten Land unterwegs sein, bis sie verarbeitet werden. Durch die zwangsläufig entstandenen Druckstellen hat der Fäulnis- und Gärprozess bereits eingesetzt, und er wird, das Aroma beeinträchtigend, minderwertiges Öl verursachen. Das Etikett wird den wohlklingenden italienischen Ort tragen, in dem die Herstellung stattfand. Bestes Olivenöl wird traditionell aus handgepflückten und sofort verarbeiteten und damit »ortsansässigen« Oliven mit Hilfe schonender Technik hergestellt.
Werden in Olivenöl für längere Zeit Trüffelstücke gelegt, übernimmt das Öl das Aroma. Eine andere Methode ist, in Kühlschränke frische Trüffeln zu legen, die an das in flachen Behältern liegende Olivenöl ihr Aroma abgeben. Das aromatisierte Öl wird sodann mit Olivenöl gestreckt, was bei weitem nicht den konzentrierten Duft ergibt, der vom Käufer erwartet wird. Die bei der Aromatisierung verwendeten Trüffeln verlieren schon nach ein paar Tagen erheblich an Gewicht und Qualität und damit an Wert. Diese Herstellungsmethoden sind äußerst teuer und genügen zudem nicht dem Anspruch des breiten Marktes.

Also werden die relativ schwachen Trüffelöle mit einer Aromasubstanz angereichert, oder man mischt diese gar in das »leere« Olivenöl. Die Substanz heißt Bismethylthiomethan, wird aus Flüssiggas hergestellt und erhält die klangvolle Bezeichnung *condimento*, was »Würze« bedeutet, nicht mehr und nicht weniger. Zur Tarnung werden noch ein paar klitzekleine Stücke einer Trüffel hineingelegt. Auf der Flasche muss vermerkt sein, von welcher Trüffelart die Partikel stammen, meist von der Herrentrüffel. Aber es finden sich auch Trüffelöle mit Stückchen der Sommertrüffel oder gar des *tuber indicum*, der Himalaya-Trüffel, die nahezu wertlos ist und nicht viel mehr als Kartoffeln kostet. Doch wer weiß schon um diese Feinheiten – oder um den *tuber indicum?* Vorschrift jedenfalls ist die Beschriftung mit dem, was tatsächlich drin herumschwimmt, wie: olio di oliva 99%, tuber indicum 1%, aromi. Und diese aromi können bei empfindlichen Verbrauchern Übelkeit und Kopfschmerzen verursachen.

Trüffeldoping

Vor einigen Jahren wurde ein Trüffelgroßhändler aus Umbrien verhaftet, weil er Trüffeln gefälscht hatte. In Italien Lebensmittel zu fälschen oder Wein zu panschen wird unnachsichtiger geahndet als ein Mord. Der Umbrier hatte aus China Trüffeln importiert, die nicht mehr Geschmack als ein Kohlrabi hatten. Um diesem Manko abzuhelfen und die Bilanz seines Unternehmens zu verbessern, injizierte er Trüffel für Trüffel mit der vorher besprochenen Aromasubstanz, bis die Sache aufflog. Nicht zuletzt die Vereinigung der Trüffelsucher der Region hatte Lunte gerochen und etwas gegen dieses Verfahren einzuwenden. Andere findige Trüffelverkäufer legen die erheblich billigeren Wintertrüffeln *(tuber brumale)* zu den begehrten Périgord- oder Norcia-Trüffeln *(tuber melanosporum)*. Ein wenig

Aromaübertragung und die Unkenntnis der Käufer erhöhen den Verdienst um einiges. Die Wintertrüffeln sind innen dunkel- bis schwarzbraun, ähnlich der wertvolleren Schwestern, und vom Äußeren sind sie noch schwieriger zu unterscheiden. Die untrügliche Zuordnung ermöglicht letztlich nur die Geruchsprobe, denn der Duft der Wintertrüffel ist nicht so intensiv und angenehm, gleichwohl der Geschmack.
In den neunziger Jahren kosteten weiße Trüffeln aus den Marken nur halb soviel wie die aus dem Piemont. Es war kaum bekannt, dass der *tuber magnatum* auch in anderen Regionen und Ländern vorkommt und die Qualität dort nicht zwangsläufig schlechter ist. So erfuhr, ähnlich wie ein seriöser Linienaquavit durch seine Äquatorüberquerung gehörig nachkalkuliert wird, manch weiße Trüffel aus den Marken oder aus der Emilia-Romagna durch eine Reise in Italiens Norden eine ansehnliche Werterhöhung. Heute sind die Preise hier und dort ähnlich hoch und orientieren sich an Angebot und Nachfrage, je nachdem, ob es ein gutes oder ein schlechtes Trüffeljahr ist. In den letzten Jahren wurden beträchtliche Mengen der Herrentrüffel in der fast unbekannten italienischen Region Molise, aber auch in Istrien und Kroatien geerntet. Unwichtig, wo sie herstammen, gibt es für den Feinschmecker nur die Unterscheidung zwischen guten oder weniger guten Trüffeln, die schöner oder weniger schön anzusehen sind und stärker oder schwächer duften. Nicht einmal Eingeweihte können verlässlich feststellen, woher eine einsame Trüffel stammt – ist kulinarisch gesehen ja auch unwichtig.

Wenn schon nicht wahr, dann zumindest gut erfunden

Jedes Jahr zu Beginn der Saison der Herrentrüffeln, wird in der Tagespresse, in Feinschmecker- und Hochglanzmagazinen, im Rundfunk und im Fernsehen über Trüffeln berichtet. Ich verfolge diese Berichterstattung genauso genau wie interessiert, da ich auf diese Weise immer wieder neue Informationen bekomme, auch wenn die Ausbeute an echten Neuigkeiten und mir noch nicht bekannten Tatsachen in den letzten Jahren immer dürftiger wird. Um so mehr achte ich auf fehlerhafte Berichterstattung. Viele Fehler und Vermutungen, ja Ahnungen, werden unkritisch weitergegeben und setzen sich besonders gerne fest. Manch Trüffelartikel verleitet zu der Meinung, die Verfasser würden jeden Herbst das Rad oder die Trüffel neu erfinden.
Eine ungenaue Berichterstattung durch oberflächliche Recherche oder in Ermangelung von Wissen aus erster Hand – oder sollte ich sagen: Pfote – trägt zur immer sich erneuernden Mystifizierung der Trüffel bei. Gut lancierte Pressemeldungen über Rekordtrüffeln, schlechte Ernten, Hundevergiftungen und Krieg zwischen Trüffelrivalen werden gerne aufgenommen und halten den permanenten Trüffelkrimi am Leben.
Eine Herrentrüffel mit einem Gewicht von 852 Gramm, die angeblich in Alba versteigert wurde, wurde bei Sassoferrato in den Marken gefunden. Sie erzielte einen stolzen Preis von fast 35000 Euro, das entspräche einem Kilopreis von rund

40000 Euro. Nun steht dieser Preis im Raum und nicht jeder weiß, es handelte sich um eine Benefiz-Versteigerung, deren Erlös zum großen Teil für einen guten Zweck verwendet wurde. Was soweit sehr erfreulich ist. Ein guter PR-Gag, doch nicht genug, die Steigerung folgte auf dem Fuß. Die Medien berichteten eine Woche später mit großer Häme von dem urlaubsreifen Sternekoch Andy Neeham des Restaurants *Zafferano* in London. Signor Cassini, der Inhaber, hatte zusammen mit einigen Prominenten die Riesentrüffel ersteigert und im Restaurant ausgestellt. Immer wieder kamen ungläubige Trüffelfreunde, »sogar aus Spanien und Frankreich, um nur einen Blick auf das Gewächs werfen zu können«. Das hat Küchenchef Neeham offensichtlich sehr angestrengt, und er musste für ein paar Tage Urlaub machen. Auch die Trüffel machte dann einen »faulen« Urlaub in einem Tresor im Kühlschrank und entwickelte sich biologisch weiter zu einer »schimmligen Masse«, wie den Zeitungen zu entnehmen war.
Signor Cassini konnte dem Unglück aber trotzdem eine gute Seite abgewinnen: »Sie ist als glückliche Trüffel gestorben, sie ist unzerteilt in die Erde zurückgekehrt.« Ach hätte er sie doch per Post oder per Kurier nach Sassoferrato zurückgeschickt und sie dort begraben lassen. Dann hätte sie mit ihren gut veranlagten Sporen die Muttererde geschwängert und uns vielleicht im nächsten Jahr mit duftenden Nachkommen erfreut. Und sollte das alles nicht wahr sein, wäre es zumindest gut erfunden. Alle, die mit Trüffeln Geld verdienen, können sich bei so einer Werbung freuen.

Image vom unbezahlbaren Luxusartikel

In Deutschland wurden im Jahr 2012 in Feinkostgeschäften Höchstpreise von bis zu 10000 Euro für Trüffeln erzielt. Dieser Preis, ohne nähere Erläuterungen einfach in den Raum gestellt, wird den Interessenten verwirren. Um welche Trüffelart handelt es sich? Wer bekommt diesen Preis – der Trüffelsucher, der Trüffelhändler in Italien, der Importeur, der Gastronom oder der Feinkosthändler in Italien oder in Deutschland? Eins wird immerhin erreicht: Die Trüffel behält das Image, ein nahezu unbezahlbarer Luxusartikel, ein Genussmittel und auch ein bisschen Droge zu sein. Damit werden Erstaunen, Hochachtung und Neid hervorgerufen. Ob schwarz oder weiß, fragt da schon niemand mehr.
Die besten Trüffeln sind die weißen Alba- oder Piemont-Trüffeln! Lange Zeit war diese Aussage unbestritten. Die genaue Bezeichnung ist Herrentrüffel. Da im Piemont tüchtige Leute schon vor vielen Jahren etwas von Marketing verstanden haben, hat sich die Trüffel aus Alba als das Nonplusultra in den Köpfen vieler Feinschmecker und Journalisten eingegraben. Trüffelhändler aus der Emilia-Romagna, aus den Marken, der Molise schwammen jahrelang parasitär auf dieser Image- und Preiswelle mit. Kosteten früher Herrentrüffeln, die nicht aus dem Piemont stammten, nur die Hälfte, haben sich heute die Preise in nahezu allen Trüffelgebieten, auch in Istrien und Kroatien, dem hohen Niveau angeglichen.

Nun: *Der* Trüffel, ein teurer Spaß. Aber Feinschmecker lieben *ihn* nun einmal so sehr, auch wenn *er* teurer ist denn je. Solche Feststellungen beinhalten einen gravierenden grammatikalischen Fehler. Es heißt: *die* Trüffel. Richtig ist *der* Trüffelpilz oder *das* Trüffelchen.
Es wird oft von *der teuren Knolle* geschrieben. Die Trüffel ist aber keine Knolle, sondern ein Pilz aus der Gattung der Schlauchpilze. Eine Knolle hat ein festes, durchgängiges Fruchtfleisch, die, wie beispielsweise die Kartoffel, austreibt. Die Trüffel hingegen hat im Inneren gewundene Schläuche, in denen sich die Sporen befinden, die von der faulen Frucht in das Erdreich gelangen.

Von einem Fernsehdreh

Die Redaktion des Zweiten Deutschen Fernsehens hatte angefragt, ob ich für eine Reportage über die Trüffelsuche zur Verfügung stehen würde. Gerne habe ich nach Terminabstimmung zugesagt; es wäre nicht die erste Trüffelreportage für *Attila* und mich. Der Film sollte in der Zeit der Herrentrüffeln - Oktober bis Dezember - Hund und Herrchen bei der Arbeit zeigen, über die Konkurrenz unter den Trüffelsuchern berichten, es sollten Leute aus der Gegend über die Trüffelsuche befragt werden, möglichst eine Kontrolle der *guardia forestale*, der Forstpolizei und ein ländliches Trüffelessen stattfinden.

Unberechenbare Trüffeln

Ich gebe die Nichtberechenbarkeit einer Trüffelsuche zu bedenken. Es ist nie sicher, ob der Hund fündig wird. Ob ich nicht ein paar Trüffeln mitnehmen kann, die im Notfall vergraben werden können? Nicht gerne, aber kann ich. Ich rufe meinen Freund *Franco* an, der schon einmal bei Dreharbeiten dabei war. *Franco* geht mehrmals in der Woche auf professionelle Trüffelsuche. Er kennt viel mehr Plätze als ich und weiß aktuell, wo mit ziemlicher Sicherheit etwas zu finden ist. Da ich nur einen Tag vor dem Termin in *Monte San Vito* ankomme, kann ich nur einen kurzen Kontrollgang in drei oder vier Gebieten machen. Wenn ich aber nichts finde, was dann? Also besser mit *Francos* Führung, der nach einem kurzen Telefonat zusagt, dabei zu sein. Zwei Tage vor dem Dreh, sagt er ab, da er nicht frei bekommt - er arbeitet bei der kommunalen Gasversorgung. Er beschreibt einige *tartufaie*, die produzieren, wenn auch in diesem Jahr noch sehr wenig, die ich aber angeblich ganz leicht finden könnte. Er kann mir aber auch ein paar schöne Trüffeln für den Dreh mitgeben; *Franco* kennt sich aus. Aber ich werde mich auf mein Gespür und *Attila* verlassen müssen. Wohl ist mir nicht dabei, und ich werde nervös, wenn ich an das Team denke, das extra aus Deutschland anreist. Aber ich habe ja beim ersten Telefonat auf die Unsicherheit einer Ernte hingewiesen.
Ich erwarte das Fernsehteam am Internationalen Airport *Ancona-Falconara*. Pünktlich trifft die Mittagsmaschine aus München ein mit einer Redakteurin, einem Kameramann und einem Assistenten; alle drei sehr nett und umgänglich. Ich bringe sie mit meinem sehr wohl bemerkbar nach Hund und Trüffeln riechenden *Punto* in ein Hotel in *Jesi*. Am Abend wollen wir in mein Lieblingsfischlokal, in die *Trattoria del Pecatore* zu *Enzo* im Nachbarort *Chiaravalle* zum Essen gehen, auch um den Ablauf des nächsten Tages zu besprechen und ein bisschen über die Trüffelei zu plaudern.

Eine ernsthafte Kontrolle sollte es sein

Ich hole das Team um halb sechs im Hotel ab. Es war schon am Airport nicht einfach, die drei Personen und Gepäck und Equipment im Auto unterzubringen. Von einem Mietwagen habe ich abgeraten. Wenn wir in nur einem Fahrzeug unterwegs sind, können wir uns unterhalten und die drei bekommen jede Menge Trüffelinformationen von mir. Auch liegen die Trüffelplätze nicht direkt an der *Superstrada* und es bedarf einiger Erfahrung sie zu erreichen. *Attila* hat im Kofferraum des *Punto* seinen Platz. Und so gehen gegen vier Menschen, eine große Kamera, Stativ, die Tonmaschine, Beleuchtungskoffer, Akkus, sonstige Ausrüstungsgegenstände, die Trüffelutensilien und die drei Sicherheitströffeln, auf die etwas beengte Fahrt in die Berge. Es ist noch stockdunkel.
Vor ein paar Tagen habe ich Raffaele, der im Landwirtschaftsministerium arbeitet, angerufen, der ein Zusammentreffen mit der Forstpolizei veranlassen sollte. Eine richtige Kontrolle sollte ja stattfinden; so wollten es die Fernsehleute. Schon einmal habe ich für einen Fernsehbericht eine Polizeikontrolle organisiert. Da von der *guardia forestale* niemand aufzutreiben war, habe ich *Gilberto*, den Chef der Stadtwache eines kleinen Ortes, dessen Namen ich besser für mich behalte, gebeten, zu uns in den Wald zu kommen und mit grimmiger Miene eine Kontrolle vorzunehmen. *Gilberto* kam in seiner dunkelblauen Galauniform, mit blankgewichsten Schuhen und frisch gewaschenen, weißen *Fiat Punto* der Kommune. Er war sehr nervös und wir mussten die Kontrollszene an die zehn Mal drehen. Schick war er, vielleicht ein bisschen zu schön für den Wald. Dieses Mal also Realität, hoffentlich.

Man will Nebel

Wir fahren in die Berge und der Kameramann hat Bedenken, ob das Licht reichen wird. Die Redakteurin will unbedingt Nebel, damit das Mystische der Trüffeln so richtig gut rüberkommt. Langsam bricht die Dämmerung an. Wir sind schon auf gut 800 m über dem Meer. Aus einem Tal zur Linken drückt der Wind Nebelschwaden auf ein Bergplateau, auf dem unser Ziel, ein Haselwald ist. Es wird heller, die ersten Sonnenstrahlen scheinen hell durch die Nebelfetzen. Die Ausrüstung wird ausgeladen und vorbereitet. Der Assistent schnallt den Akkugürtel um, die Kamera kommt auf das Stativ. *Attila* springt aus dem Auto, inspiziert sofort die Wiese und wird gefilmt, wie er aus dem Nebel heraus auf die Kamera zu galoppiert. Passt beim ersten Mal. Attila und Herrchen gehen über eine Wiese in Richtung Wald. Nebelschwaden ziehen im Hintergrund vorbei, die Lichtverhältnisse sind gut. Die Tonprobe war in Ordnung, mein Minimikrofon der Jacke funktioniert, auch wenn der Wind etwas stört. Aber das gibt Atmosphäre. Im Wald nimmt der Kameramann die Kamera vom Stativ und läuft und filmt *Attila* hinterher, bis er nach Luft schnappt, denn *Attila* läuft zickzack und schnell. Das hätten wir. Nun die Suche. Ich erkläre, wie *Attila* arbeitet. Er wird

jeden Baum beschnüffeln und seine Marke setzen. Nach einer gewissen Zeit wird er mit seiner Suche beginnen. Mein Handy.
Es ist Raffaele aus dem Landwirtschaftsministerium, der mir mitteilt, wie schwierig es mit einer Kontrolle sei, da heute nur eine Patrouille arbeitet; und die wäre schon wegen einer anderen Sache unterwegs. Er will später nochmals anrufen. *Attila* zieht schon seine Kreise, die Schnauze am Boden. Schlägt einen Haken und beginnt zu scharren. Die Kamera war nicht bereit. Ich grabe trotzdem mit der *vanghetta* und habe sogleich eine mittelgroße Trüffel in der Hand. Bravo. Es ist nicht einfach für die Kamera, *Attila* zu folgen. Immer wenn er gräbt, ist ein Baum dazwischen, findet die Trüffel zu früh oder streckt sein Hinterteil in die Linse. So wird die Kamera aufgestellt, die Einstellungen vorgenommen, die Redakteurin hält *Attila* am Halsband fest, eine schöne Trüffel wird von mir eingegraben, die Stelle mit Laub getarnt. Auf - Kamera läuft, und - bitte - wird *Attila* losgelassen, er beginnt zu schnüffeln und hat nach wenigen Sekunden die Stelle. Ich lasse ihn unter anfeuernden Rufen länger scharren als üblich, gehe an die Stelle, hole mit der *vanghetta* mit freudigen Rufen und Lobesworten die Trüffel hervor und halte sie in die Kamera. Attila grinst und bekommt seine Prämie, Das hätten wir im Kasten.

Nein, Trüffeln essen sie nicht

Zurück zum Auto, alles eingeräumt und weiter geht es in ein kleines Bergdorf. Der Nebel zieht wieder auf. Ein paar alte Leute sind auf der schmalen Straße und beäugen uns misstraurisch. Ich erkläre kurz, worum es geht, wonach eine alte Frau ohne ein Wort in einem Schuppen verschwindet, ein alter Mann ohne Äußerung in seine hellblaue *Ape*, dem kleinen, dreirädrigen Lastwägelchen, steigt und davonfährt. Wir bekommen die Interviews von zwei weiteren Alten, er im Blaumann, sie in einer nicht sehr eleganten aber praktischen dunkelblau-rosa-geblümten Kittelschürze in schwer verständlichem Dialekt. Ja, hier suchen viele Trüffeln. Sie mögen es nicht, wenn welche von außerhalb in ihre Reviere kommen. Ein platter Autoreifen ist oft die erste Warnung. Es wurden auch schon Hunde vergiftet. Nein, Trüffeln essen sie selbst nicht. *Grazie, buon giorno.*

Kontrolle auf italienisch

Wir fahren in ein anderes Bergdorf, in dem es eine Bar und einen Laden daneben gibt. Hier nehme ich oft mein Frühstück. Mein Team ist begeistert, der Hunger meldet sich. Rino, der Inhaber des Ladens, ist Metzger und er macht die Schinken und die Würste selbst. Auch die *salsiccie piccante*, die rohen, scharfen Schweinswürste, ähnlich einer groben Mettwurst. Er schneidet uns dicke Scheiben des noch warmen, duftenden Weißbrotes und belegt jede mit einer scharfen Wursthälfte. Wir gehen mit unseren Delikatessen in die Bar hinüber und las-

sen uns einen *Verdicchio* einschenken. Schon so früh! Prost, auf den Dreh. Ein Hochgenuss, unser Frühstück. Wir verlassen gerade die Bar und in diesem Moment fährt ein Allrad vorbei, ich sehe gerade noch die Aufschrift: *guardia forestale*. Ein scharfer Pfiff durch die Finger von mir lässt den Allrad mit zwei Forstpolizisten kurz anhalten und zu uns zurücksetzen. Der Fahrer kurbelt das Fenster herunter und fragt militärisch kurz halb genervt, halb neugierig: *dimmi!* Das bedeutet soviel wie: sag schon, oder: was ist los. Ich bin der Meinung, die Polizisten wären von meinem Bekannten geschickt. Aber woher sollten sie wissen, wo wir unseren ersten Verdicchio trinken? Sie wissen von nichts. Ich erkläre kurz die Situation und frage, ob sie uns vielleicht kontrollieren könnten. *Certo,* aber sicher. Beide steigen aus, beide an die vierzig, drahtig, in Tarnung und mit Pistolen. Trotzdem oder gerade deshalb sympathische Burschen. Wir besprechen den Ablauf und drehen im nächsten Wäldchen die Einstellung mit der Ausweiskontrolle, die durch den immer noch vorhandenen Nebel sehr echt aussieht. Wir schicken Euch eine Cassette. Darf ich Euch einen ausgeben? No – Dienst ist Dienst und Verdicchio ist Verdicchio. *Grazie und ciao.*
Nun fehlt uns noch das Trüffelessen. Das wird bei einem Weinbauern stattfinden. *Annamaria*, die *Mamma*, wartet nach einem Anruf schon auf uns und hat das Wasser für die hausgemachten Nudeln aufgesetzt. Wir haben noch an die zwanzig Minuten zu fahren. Mein Handy. Es ist wieder Raffaele aus dem Landwirtschaftsministerium. Er bedauert es außerordentlich, aber er kann keine Kontrolle organisieren. Die Patrouille ist immer noch unterwegs. Er hat alles versucht. *Fa niente, carissimo*, macht nichts. Mein Lieber, beruhige ich ihn, vielleicht ein anderes Mal, *grazie, ciao*.

La Mamma Annamaria

In einem einfachen Bauernhaus aus dem sechzehnten Jahrhundert rösten duftverbreitend auf der Glut des Kaminfeuers Weißbrotscheiben, die wir sogleich mit dem neuen Olivenöl und ein paar Scheibchen Trüffeln genussvoll verspeisen und dazu mit dem wunderbaren *Verdicchio* des Hauses auf den schönen Tag anstoßen. Dann wird die Kamera aufgebaut, die Beleuchtung eingestellt und der Ton geprüft. *Annamaria* gibt die handgeschnittenen *tagliatelle* in das kochende Wasser, ich bereite in der Zwischenzeit in einer großen Pfanne eine Sauce mit Olivenöl, Knoblauch, Salz und Pfeffer, in die ich einen Teil der geputzten Trüffeln mit einem Reibeisen hineinreibe. Die *tagliatelle* sind fertig, *Annamaria* fischt sie mit einem Stielseiher aus dem großen Topf, überspült sie mit kaltem Wasser und gibt sie in die Pfanne mit meiner Sauce. Noch etwas erhitzen, ein paar Mal umwenden und auf eine flache Platte geschüttet. Nun hoble ich die restlichen Trüffeln über die Nudeln. Ein wunderbares Gericht; die ZDFler bekommen Stielaugen und keiner kann erwarten, bis die zugestandene Portion Nudeln auf jedem Teller ihren Platz findet, für kurze Zeit; denn nach einem *buon appetito* fallen alle hungrig und oder gierig über diese paradiesische Speise her. Ein Traum, dieser intensive, frische Trüffelgeschmack! Ich gehe mit dem Trüffelhobel um den Tisch herum und hoble noch auf jeden Teller, bis das letzte Gramm verhobelt ist. Der *Verdicchio* hilft uns über das bedauerliche Trüffelende hinweg.

Wenn am nächsten Tag nicht sehr früh die Maschine gestartet wäre, hätten wir noch lange in diesem gemütlichen Raum gesessen, *limoncello, grappa* und *caffè* getrunken und uns gegenseitig bestätigt, wie professionell und perfekt unsere ganzen Einstellungen heute waren und was das für ein schöner Film werden würde. Unsere Voraussagen waren richtig. Schon nach vier Wochen wurde der Beitrag im ZDF gesendet und mehrfach wiederholt – wobei sich ganz klar herausstellte, wer der Star war: *Attila*. Ich bin ja so stolz auf ihn.

Von alten Trüffelrezepten

Viel haben die werten Leserinnen und Leser bis hierhin gelesen und erfahren über das rundliche Gewächs, das die Menschen seit Jahrtausenden beschäftigt. Jetzt ist es an der Zeit, sich der Zubereitung zuzuwenden.
Bevor es jedoch darum gehen soll, wie man heute in der Trüffelküche hantiert, werfen wir einen Blick zurück.
Aus Joseph Königs »Geist der Kochkunst«, das 1822 in Stuttgart und Tübingen, von C.F. von Rumohr überarbeitet, herausgegeben wurde, stammt die folgende Betrachtung über Trüffeln.

»Allen essbaren Schwammgewächsen steht billig die Trüffel vornan. Sie ist, wie Niemand in Zweifel stellt, die erste Zierde reichbesetzter Tafeln. Doch sind nicht alle Trüffeln gleich wohlriechend und schmackhaft; aus der Landschaft Périgord und aus dem Thale der Etsch, gegen Trient hin, bezieht man die leckerhaftesten. Auch kommt es darauf an, dass die Trüffel ihre völlige Reife erlangt habe, doch dabey nicht überzeitig sey. Angefaulte Trüffeln muss man wegwerfen, sollte auch noch etwas gesundes daran seyn.«

Der Vorschlag, die Trüffeln mit siedendem Wein von der Erde zu befreien, trägt allenfalls dazu bei, die Ehrfurcht vor ihr zu erhöhen, auch wenn ein einfaches Handbürstchen und laufendes Wasser wirkungsvollere Dienste leisten. Aber wir erkennen natürlich an: Wertvolle Dinge verlangen nun einmal Zeremonien.

»Die Trüffeln werden insgemein in siedendem Weine von der anklebenden Erde befreyet. Einige schälen die Trüffel; allein der beste Geschmack ist gerade in ihrer etwas holzigen Schale enthalten.«

Aktualisiert bereichern im übrigen auch die beiden folgenden Serviervorschläge durchaus die Trüffelküche:

»Trüffeln in einer Mischung von Wein und Fleischbrühe mit ganzen Pfefferkörnern abgesotten, reinlich herausgenommen, auf einem Tuche angerichtet und mit frischer Butter zum Eingang gegeben.«

Und der zweite Ratschlag lautet: »Trüffeln, auf Italienisch, fein gehobelt mit etwas Öl, Salz, Pfeffer, auf einem Teller erhitzt, zuletzt Citronensaft darüber gedrückt; auch wohl mit Parmesankäse bestreut. Dasselbe auf abgebackenen Brodtschnittchen angerichtet.« Sehr schön. Und ferner wird weise beobachtet: »Was die Trüffel, als Würze betrachtet, in Tunken, in Pasteten, in Füllmengen leiste, weiß nunmehro die ganze gesittete Welt. Denn seitdem man erkannt hat, dass Mahlzeiten auf die Stimmung des menschlichen Herzens einen entscheidenden Einfluss ausüben, mithin von köstlichen Mahlzeiten in öffentlichen Sendungen häufig Gebrauch macht, ist die Diplomatie eine wahre Propaganda alles Schmackhaften, Leckeren und Selten geworden; so dass man kaum mehr für einen rechten Gesandten hält, wer nicht versteht, als seinem Herrn redlich zu dienen. Leider ist aber hiedurch jenes zweideutige Gebilde der Natur an der Quelle selbst vertheuert worden, was denn manchem stillen Verehrer des Schönen und Anmuthigen jeglicher Art seinen Genuss verkürzen mag.« Höchst aktuell, diese Feststellung – ähnlich wie heute wurden die Trüffeln durch Trendsetter, damals war es die Diplomatie, zur Mode und unbezahlbar für den wahren, den stillen Feinschmecker. Wer weiß, wie es heute um die Trüffel stünde, wenn nicht bekannte Persönlichkeiten wie Alfred Hitchcock, Marilyn Monroe und Isabel Allende durch Würdigung und Begeisterung zur Popularität der Erdfrucht beigetragen hätten.

Was wir an Küchentipps aus vergangenen Zeiten mitnehmen, ist folgendes:

Trüffeln in Wein und Fleischbrühe gekocht

Périgord-Trüffeln ganz in kräftiger Fleischbrühe mit Rotwein, beispielsweise Portwein, 20 Minuten lang mit ganzen Pfefferkörnern kochen, auf einem Tuch anrichten und trocknen. Die Brühe in kleinen Tassen servieren, dazu die Trüffeln, die jeder für sich in messerrückendicke Scheiben schneidet, in die Brühe taucht und zusammen mit einem Butterflöcken, vielleicht mit etwas Pfeffer darüber, verspeist.

Trüffeln mit Zitrone und Parmesankäse

Auf einen heißen Teller Sommertrüffeln oder Périgord-Trüffeln dünn hobeln. Bestes Olivenöl, etwas Zitronensaft darüberträufeln und Parmesankäse darüberhobeln. Dazu Weißbrot servieren.

Weißbrot mit Trüffeln

Weißbrot toasten, Olivenöl darüberträufeln, schwarze oder weiße Trüffeln darüberhobeln, Salz und schwarzen Pfeffer und mit einem kleinen Löffel nochmals ein bisschen Öl darübergeben. Ein willkommener Appetitanreger zum Apéritif.

Achtung, nicht nachkochen!
Die folgenden antiken Rezepte sind nicht zum Nachkochen vorgesehen, da sie den heutigen Vorstellungen von Kochkunst nicht mehr entsprechen. Was sie aber um so besser können, ist, den Umgang mit der Erdfrucht in teils verwunderlicher Art aufzuzeigen. Enthalten die Rezepte eine Idee, die eines Kommentars bedarf, erfolgt jeweils eine Bemerkung nach dem Rezept.

Aus »Das neueste, wohl-eingerichtete Kochbuch« von Coccejo, Franckfurt und Leipzig 1739:

Tartuffeln in Fleisch-Brüh

Tartuffeln ist eine Art Erd Aepfel, sind aber nicht so groß, haben einen viel besseren Geschmack und dichteres Fleisch. Sie werden viel an Potagen gebraucht. Man richtet sie auf folgende Art zu; Wenn sie gesaubert und gekocht, thut man daran Fleischbrühe, Butter, Muscatenblumen, Pfeffer und gerieben weiß Brod.

Bemerkung:
Potagen = Suppen
Muscatenblumen = MuskatnussAus »Allerneuestes Kochbuch für Fleisch- und Fasttäge« von Maria Anna Bußwald, Grätz 1804:

Den Otter gut zu kochen
Zerhacke den Otter in Stücken, wasche ihn rein, und lege ihn eingesalzen in eine Pfanne, gieß Wein und Essig daran. Lorbeerblätter und Rosmarin dazu, und laß ihn solange sieden, bis er weich wird. Mache hernach eine schön gelbe Einbrenn, gieß ein Erbsenwasser daran, säure es mit Essig und Limoniesaft, gib Capri, Butter, Limonieschalen und Milchrahm dazu; nimm Dartoffeln, sind sie in Mehl, so schneide sie nur so darein, sind es aber andere, so dünste sie, und lege sie dazu; thue den Otter, wenn er zuvor in Wein und Essig gesotten ist, in die Suppe, und laß ihn sieden; zuletzt lege Limonieblätl darauf.

Bemerkung:
Limonien = Lemonen
Capri = Kapern
Dartoffeln = Trüffeln
Limonieblätl = Lemonenscheiben

Aus »Der elegante Gaumen« von Anton Hüppmann, Pest 1834:

Kalbsaugen mit Ragout von Trüffeln

Thu die Kalbsaugen, wie das Gekrös absieben, aber nicht gar zu lind, hernach thu sie heraus, und thu das schwarze davon, thu hernach ein klein wenig seinen Fasch hinein, und ein wenig Triffel, thu die Augen in eine kurze Bräs mit ein wenig Wein, und laß sie auf einem stäten Feuer noch ein wenig kochen, ist es Zeit zu serviren, nimm die Augen heraus auf eine Serviette, dass die Fetten gut davon geht, gib nach diesem eine klare Sauce auf die Schüssel, thu die Augen ein wenig glasiren, schön in die Sauce rangiren, und zur Tafel serviren.

Bemerkung:
Fasch = Gehacktes
Faschiertes Bräs = reduzierte Brühe aus Fleisch, Knochen, Gemüse, Wein und evtl. Essig

Kommentar:
Die Kalbsaugen, durch Kalbszunge, Kalbsohren oder ein Kasseler ersetzt, könnten die Gäste angenehm überraschen.

Monte San Vito, ein Städtchen mit 1000 Jahre Geschichte

LIEBIG'S FLEISCH-EXTRACT

hergestellt in FRAY-BENTOS (Uruguay) und COLON (Argentinien).

Jede Hausfrau ist heutzutage imstande, selbst bei bescheidenen Mitteln kräftige und schmackhafte Gerichte zu bereiten. Sie kann Wildpret und Geflügel, Fleisch- und Fischspeisen, Saucen, Suppen, Gemüse wesentlich schmackhafter machen und verbessern durch eine kleine Zutat von Liebig's Fleisch-Extract, was zugleich eine Ersparnis an Zeit, Mühe und Geld bedeutet.

Künstliche Trüffelzucht.

Die Trüffel ist ein unter der Erde wachsender Pilz, der sich vorzugsweise unter Eichen und besonders in kalkhaltigem Boden entwickelt. Sie verlangt wohlgedüngtes Erdreich und nicht zu viel Schatten. Die Stellen, wo sie wächst, nennt man natürliche Trüffelbeete. Um den wertvollen Pilz zu züchten, sucht man den natürlichen Bedingungen möglichst nahe zu kommen und legt künstliche Trüffelbeete an. Man sät Trüffeleicheln, d. s. solche von Eichen, unter denen Trüffeln wachsen, und obgleich Sporen aus der Umgebung herbeigeweht werden könnten, streut man doch sicherheitshalber Abschnitzel reifer Trüffeln aus. Nach 5 bis 6 Jahren sind aus den Eicheln junge Eichen herangewachsen, die Pilzsporen haben gekeimt, die Brut hat sich entwickelt. und die Trüffel fangen an, sich zu zeigen.

OXO Bouillon der Compagnie Liebig.

Reine gewürzte Fleischbrühe. Sofort trinkfertig.

1½-2 Theelöffel voll zu einer Tasse heissen Wassers geben eine vorzügliche Bouillon.

Zur GRATIS-Verteilung.

Liebig-Sammelbilder aus dem Jahre 1886 – Serie zum Thema Trüffel

LIEBIG'S FLEISCH-EXTRACT

hergestellt in FRAY-BENTOS (Uruguay) und COLON (Argentinien).

Die wässerigsten Suppen und die flauesten Gemüse werden wohlschmeckend und bekömmlich durch Beifügung des echten Liebig's Fleisch-Extracts. Unentbehrlich in jeder guten Küche. Man hüte sich vor Nachahmungen.

Nur echt, wenn jeder Topf den Namenszug „J. v. LIEBIG" in blauer Schrift quer durch die Etikette trägt.

Piemontesische Hirten beim Rösten von Magnatentrüffeln.

Glückliche Menschen, die sich solch ein fürstliches Mahl leisten können! Das wäre ein Stoff für einen Vergil, den Sänger der Hirten und der Fluren. Nur ist dabei zu bemerken, dass es auch bei ihnen so etwas nicht alle Tage gibt. Wie anderswo sind auch in Italien die Trüffeln ziemlich selten und sehr gesucht. Bekannte Fundorte werden sorgfältig abgesucht und durchwühlt, und es wird wohl nur dem Zufall oder dem bekannten Spürsinn ihrer teuren Pflegebefohlenen zu verdanken sein, dass unsere jungen Hirten zu einem so leckern Frühstück gekommen sind.

OXO Bouillon der Compagnie Liebig.

Reine gewürzte Fleischbrühe. Sofort trinkfertig.

$1\frac{1}{2}$-2 Theelöffel voll zu einer Tasse heissen Wassers geben eine vorzügliche Bouillon.

Zur GRATIS-Verteilung.

150 DM

LIEBIG'S FLEISCH-EXTRACT

hergestellt in FRAY-BENTOS (Uruguay) und COLON (Argentinien).

Heutzutage, wo es Liebig's Fleisch-Extract gibt, das sich durch seine leichte und vielseitige Verwendbarkeit und die mannigfachen Vorteile, die es bietet, so allgemeine Anerkennung erworben hat, dürfen kraftlose, flaue Gerichte gar nicht mehr vorkommen. Eine Messerspitze voll Liebig verschafft ja Suppen, Saucen, Gemüsen und Fleischspeisen im Augenblick den kräftigsten und köstlichsten Wohlgeschmack, sodass man wohl getrost sagen darf: Ohne Liebig keine gute Küche!

Badische Pilzweiblein mit Trüffeln zur Stadt wandernd.

Trüffeln gibt es auch in verschiedenen Gegenden Deutschlands, wie z. B. in den Bernburgischen und Dessauischen Forsten, in Thüringen und in den Wäldern der badischen Rheinebene. Im Jahre 1720 wurden zum ersten Male in Deutschland Trüffelhunde verwendet; August der Starke, König von Polen hatte deren 10 aus Italien kommen lassen. In Russland benutzte man früher auch Bären zum Trüffelsuchen. Die Ernte findet gewöhnlich von November bis Februar statt.

Zur GRATIS-Verteilung.

OXO Bouillon der Compagnie Liebig.

Reine gewürzte Fleischbrühe. Sofort trinkfertig.

1½-2 Theelöffel voll zu einer Tasse heissen Wassers geben eine vorzügliche Bouillon.

Aus meiner Trüffelküche

Es gibt einige sehr schöne spezielle Bildbände und Kochbücher über die Trüffel. Nicht alle Rezepte sind einfach nachzukochen, und so bleibt es oft nur beim Anschauen. Auch in den Kochbüchern unserer Starköche finden sich hin und wieder Rezepte mit Trüffeln, oftmals wird auch die Verwendung von Trüffelöl empfohlen. Abgesehen von der vielfach chemischen Herstellung der Aromen, die bereits erläutert wurde, verwischt und überdeckt es die feinen Geschmacksmerkmale verschiedener Trüffelarten. Es würde schließlich auch kaum ein ambitionierter und ehrenhafter Koch seine mit liebevoll abgestimmten Zutaten bereitete Consommé mit Maggiwürze »verfeinern«.

Dick auftragen

Die weiße, sehr teure Herrentrüffel duftet bekanntlich viel intensiver als die verschiedenen schwarzen Trüffelarten. Sie wird nur in dünnsten Scheiben über Speisen gehobelt, vom Riechorgan sehr wohl, von den Kauwerkzeugen gar nicht wahrgenommen. Den vollen Genuss von schwarzen Trüffeln bringt freilich erst der »Biss«, der eine wichtige und erlebnisreiche Rolle spielt und dickere Scheiben fordert.
Ich koche mit schwarzen Trüffeln sehr gerne, zudem es sie fast das ganze Jahr gibt und auch Normalverdienern göttlichen Hochgenuss ermöglicht.

Farbtupfer auf dem Speisezettel

Die folgenden Regulae sind zugegebenermaßen nicht alle auf meinem eigenen Trüffelboden gewachsen. Einige Anregungen habe ich alten und neuen Rezepten entnommen und auf meine kulinarischen Vorstellungen und Möglichkeiten hingetrimmt. Sie wurden alle x-mal von mir zubereitet, vervollkommnet und zusammen mit verständnisvollen und freudfähigen Freunden verspeist. Die Rezepte eignen sich als Vorspeisen, Zwischenspeisen, manche auch als Hauptspeisen. Gerichte mit Trüffeln wollen und sollten eher einzelne Farbtupfer auf dem Speisezettel sein. Auch wenn ich an dieser Stelle ohne Reue zugebe, einmal eine wahrhafte Trüffelorgie veranstaltet zu haben. Als Attila die Rekordtrüffel von 532 Gramm fand, habe ich sofort für den Abend zwei Handvoll Freunde und Nachbarn eingeladen. Bei einem Abendessen mit fünf Gängen haben wir die Trüffel dann restlos aufgegessen.

Für Personen, die normale Mengen verspeisen

Die Mengenangaben in jeder *Regula* sind für vier Personen gedacht, die normale Mengen verspeisen. Sie können jederzeit in Relation den eigenen mengenmäßigen Bedürfnissen angepasst werden. Eine Kücheneinrichtung mit den üblichen Geräten und Werkzeugen wie Backofen, Messer, Gabeln, Handbürstchen, kleinen und größeren Töpfen, Kochlöffeln etc. setze ich voraus. Ein gewisse Erfahrung im Kochen ist nicht von Nachteil, auch wenn die Beschreibungen einfach und übersichtlich sind. Die Regulae lassen auch künstlerische Freiheiten zu, ja, ich fordere geradezu dazu auf, eigene Ideen einfließen zu lassen und unverhohlen seinen Gelüsten nachzugeben.

Angenehme Rundungen reiben und Knoblauch nach Belieben

Oft sind kleine Mengen Knoblauch angeführt, die bei Nichtgefallen gut weggelassen werden können. Verständlicherweise kommen in jedem Rezept Trüffeln vor. Oft werden sie gerieben, oft gehobelt, manchmal auch beides. Wenn, wie jeweils angegeben, »die Rundungen« der Trüffel irgendwo hineingerieben werden, nehmen wir die Trüffel in die Hand und beginnen an einer Seite eine Rundung abzureiben, dann an der anderen Seite. Dadurch gelangen Teilchen der schwarzen Schale, aber auch des Fruchtkörpers in die Sauce oder auf ein Gericht, was sehr schön aussieht, krokanten Biss und den »inneren« Trüffelgeschmack gibt. Das Mittelstück sieht dann aus wie eine dicke Scheibe, aus der mit dem Hobel schöne, große Scheiben zu schneiden sind. Wenn nicht anders angegeben, soll nach dem Abreiben der Rundungen die restliche Trüffel noch ungefähr das halbe Gewicht der ehemals ganzen Trüffel haben.

Das Risiko, Trüffeln zu kaufen

Von den angebotenen Trüffelkonserven sind die Trüffelcrèmes als Brotaufstrich oder für eine Nudelsauce recht gut verwendbar. Die meisten Crèmes sind mit Champignons gestreckt und oft mit künstlichen Aromen angereichert. Etikett kontrollieren! Frische Trüffeln gibt es in Feinkostgeschäften, wenn auch teuer, zu kaufen. Günstiger finden wir sie mittlerweile auf den Wochenmärkten und natürlich auf dem Münchener Viktualienmarkt. Ist das Gefühl beim Trüffelkauf schlecht, dann Finger weg. Hat eine weiße Herrentrüffel gar keinen Geruch und ist vielleicht schon etwas weich, sofort den Speiseplan ändern. Hat eine schwarze Trüffel keinen oder gar einen strengen Geruch, das Menü auf Steinpilze oder Egerlinge umstellen, einen anderen Händler aufsuchen oder den Kauf auf einen anderen Tag oder Monat verlegen. Dabei ist es von großem Vorteil, die Erntezeiten der verschiedenen Trüffelarten zu beachten.

Durch meine Erfahrung habe ich gelernt, Freunde erst zu einem Trüffelmahl zu bitten, wenn ich auf der Trüffelsuche erfolgreich war. Habe ich schöne Trüffeln gefunden, lade ich spontan unsere Gäste ein. Es ist immer wieder erstaunlich – aber alle haben immer Zeit. So empfehle ich: auf den Markt gehen, kritisch einkaufen, sich über seinen schönen »Trüffelfund« freuen und erst dann die Gäste einladen. Das bringt ein gutes Maß Jagdfieber und Freude an der Beute an den gastfreundlichen Tisch.

typische Casa colonica (Bauernhaus) in Le Marche

Sie haben die Wahl:

Trüffelbutter

Walnußsüppchen mit weißer Trüffel

Ländliche Kartoffelsuppe mit schwarzer Trüffel

Schneckensuppe mit Trüffeln

Ländliche Polenta mit Trüffeln

Kartoffeln mit schwarzer Sommertrüffel

Eiernudeln mit schwarzen Trüffeln

Getrüffelte Krabbenlasagne

Fischsalat mit Trüffeln und Parmesankäse

Spießchen von getrüffelten Fischröllchen

Vitello tartufato

Getrüffeltes Kalbfleisch à la tatare

Schwarzgetrüffelter Kapaun

Gorgonzola mit Portweintrüffeln

Vanilleeis mit Trüffeln

Trüffelbutter

Das brauchen wir:
250 Gramm beste Butter, eine Sommertrüffel von 50 Gramm, eine Messerspitze zerdrückter Knoblauch, eine Messerspitze Curry, Salz, ein Teelöffel konzentriert eingekochte Rinderbrühe (oder, wenn niemand zuschaut, 1/2 gestrichener Teelöffel Instantbrühe), schwarzer Pfeffer, einige Tropfen Anislikör (Meletti oder Sambuca).

Werkzeuge, Geräte, Geschirr:
Eine Rührschüssel, ein Pfännchen, eine Reibe und kleine Gläser mit Deckel.

Und nun geht's los:
Wir verrühren die weiche Butter. Dann reiben wir die geputzte Sommertrüffel mit der Reibe hinein. In dem Pfännchen lassen wir etwas Butter zergehen und den Knoblauch darin glasig werden. Gleichmäßig mit etwas Salz, schwarzem Pfeffer, Brühe, Curry und den paar Tropfen Anislikör verrühren. Wir füllen die Masse in kleine Gläschen mit Schraubdeckel und stellen sie in den Tiefkühlschrank.

Nota bene:
Trüffelbutter zu machen bedeutet nicht nur, Trüffeln auf gute Art zu konservieren. Eingefroren hält die Butter lange und kann immer bei Bedarf verwendet werden. Ob für Nudeln, Gnocchi oder Kartoffeln, ob für Weißbrot (Bruschetta), gegrilltes Fleisch oder gegrillten Fisch – sie ist jederzeit für schnelle kulinarische Einsätze zu gebrauchen.

Walnußsüppchen mit weißer Trüffel

Das brauchen wir:
5 Walnüsse, eine weiße Trüffel von 10 bis 15 Gramm, eine Tasse leichte Hühnerbrühe, eine Espressotasse süßer Wein (Vin Santo, Trockenbeerenauslese, Vino da uve passite, süßer Sherry), eine halbe Espressotasse Rahm, einen Esslöffel Crème fraîche, eine Messerspitze Curry, Salz, weißer Pfeffer.

Werkzeuge, Geräte, Geschirr:
Ein kleiner Kochtopf, ein Mörser, eine Reibe, ein Trüffelhobel und vier vorgewärmte Espressotassen.

Und nun geht's los:
Wir nehmen die Walnüsse aus der Schale, zerkleinern sie in einem Mörser oder in einem Mixer. In dem Kochtopf verrühren wir bei kleiner Hitze mit einem kleinen Schneebesen zusammen mit den Nüssen die Brühe, den Wein, den Rahm, die Crème fraîche und die Messerspitze Curry. Wir schmecken mit Salz und weißem Pfeffer ab und reiben die Rundungen der weißen Trüffel in die Suppe.

Und dann...
bringen wir das Süppchen in den vorgewärmten Espressotassen sofort zu Tisch und hobeln ganz fein die restliche Herrentrüffel darauf. Mit kleinen Löffeln oder schlürfend genießen.
Dazu empfiehlt sich ein kühles Gläschen des verwendeten süßen Weines.

Ländliche Kartoffelsuppe mit schwarzer Trüffel

Das brauchen wir:
2 mittelgroße Kartoffeln, eine Sommertrüffel von 30 bis 50 Gramm,
3/4 Liter Fleisch- oder Gemüsebrühe, 3 gute Esslöffel Crème fraîche,
1/2 Teelöffel Oregano oder Majoran getrocknet,
1/2 Teelöffel Rosmarin getrocknet, Butter, etwas Knoblauch, Salz, schwarzer Pfeffer, Zucker, 1/2 Tasse dunkles Bier.

Werkzeuge, Geräte, Geschirr:
Ein mittelgroßer Kochtopf, eine Reibe, ein Trüffelhobel, eine vorgewärmte Suppenterrine oder vier vorgewärmte Suppenteller.

Und nun geht's los:
Wir kochen die Kartoffeln in Salzwasser gut gar und schütten das Kochwasser weg. Wir lassen ein Stückchen Butter zerschleichen und ein wenig Knoblauch glasig werden. Dann legen wir die Kartoffeln in den Kochtopf und zerstampfen sie grob, geben bei mittlerer Hitze die Brühe, die Crème fraîche, den Oregano

oder den Majoran, den Rosmarin und ein Prise Zucker dazu, reiben die Rundungen der Trüffel hinein, gut schwarzen Pfeffer dazu und schmecken mit Salz ab. Kurz vor dem Servieren rühren wir das dunkle Bier hinein, wobei die Suppe keinesfalls mehr aufkochen darf.

Und dann...
bringen wir die Suppe in der vorgewärmten Terrine oder in den Tellern auf den Tisch und hobeln noch fein die restliche Trüffel darüber.

Das gleiche dunkle Bier ist ein guter Begleiter der Suppe.

Schneckensuppe mit Trüffeln

Das brauchen wir:
1 kleine Dose Weinbergschnecken, eine Sommertrüffel von ca. 40 Gramm, 1 mittelgroße Kartoffel, 1/2 Liter Fleisch- oder Gemüsebrühe, 1 Esslöffel Crème fraîche, 1 Espressotasse Rahm, 1 Espressotasse Weißwein, 1 Teelöffel Sojasauce, Salz, schwarzer Pfeffer.

Werkzeuge, Geräte, Geschirr:
Ein mittelgroßer Kochtopf, ein Schneidebrett, ein Wiegemesser, eine Reibe, ein Trüffelhobel und vier vorgewärmte Suppenteller.

Und nun geht's los:
Wir kochen die geschälte Kartoffel gut gar. In der Zwischenzeit nehmen wir die Schnecken aus der Dose und wiegen sie mit dem Wiegemesser in kleine Stücke. Nun schütten wir das Kochwasser ab und zerdrücken die Kartoffel mit einer Presse oder treiben sie durch ein Sieb. Zusammen mit dem Kartoffelbrei verrühren wir bei kleiner Hitze die Schnecken, die Brühe, den Rahm, den Weißwein, die Sojasauce, reiben mit der Reibe die Rundungen der Trüffel hinein und schmecken die Suppe mit Salz und gut schwarzem Pfeffer ab. Wenn die Suppe zu dick ist, rühren wir noch etwas Brühe dazu.

Und dann...
geben wir die Suppe in die vorgewärmten Suppenteller und hobeln am Tisch fein die restliche Trüffel darüber.

Ein trockener junger Weißwein sollte der Begleiter sein.

Ländliche Polenta mit Trüffeln

Das brauchen wir:
150 Gramm Maismehl, ca. 1/2 Liter Wasser (siehe Kochvorschrift auf der Packung), 4 kleine Schweinsbratwürste oder 8 Nürnberger Rostbratwürste, eine Sommertrüffel von 30–40 Gramm, 5 Esslöffel kräftige Brühe, Olivenöl, Salz, schwarzer Pfeffer, Parmesankäse.

Werkzeuge, Geräte, Geschirr:
Ein großer Kochtopf, eine kleine Kasserolle, ein großes Holzbrett, vier große Holz- oder vorgewärmte große Porzellanteller, eine Reibe und ein Trüffelhobel.

Und nun geht's los:
Wir rühren das Maismehl mit einem Kochlöffel nach und nach in das kochende Wasser, geben etwas Salz dazu und lassen die Polenta zunächst bei mittlerer, dann bei kleiner Hitze an die 40 Minuten kochen, wobei wir immer wieder umrühren.
Währenddessen nehmen wir den Inhalt der Schweinswürste aus der Haut und lassen ihn in der kleinen Kasserolle mit zwei Esslöffel Olivenöl und der Brühe warm werden, reiben die Rundungen der Trüffel dazu und schmecken mit Salz und Pfeffer ab.
Sobald die Polenta fertig ist, gießen wir sie auf das Holzbrett oder auf die Teller, bis sie eineinhalb Zentimeter dick darauf liegt. Wir verteilen die Wurstfarce auf die Polenta, reiben Parmesankäse und hobeln die restliche Trüffel mit dem Hobel darüber, pfeffern und träufeln das übrige Olivenöl darauf.

Und dann...
bringen wir das Brett oder die Teller auf den Tisch, und jeder Gast beginnt, mit seiner Gabel von außen nach innen zu essen.

Ein leichter junger Roter begleitet diese kommunikative und rasch sättigende traditionelle Speise; ein Magenbitter unterstützt wohltuend den Appetit auf einen womöglich folgenden nächsten Gang.

Kartoffeln mit schwarzer Sommertrüffel

Das brauchen wir:
2 große Kartoffeln, 1 hühnereigroße schwarze, saubere Sommertrüffel oder mehrere kleine (gesamt ca. 40 Gramm), eine Tasse Rahm,
2 Esslöffel Crème fraîche, 3 Esslöffel kräftige Brühe, 1 walnussgroßes Stück Butter, Knoblauch, eine Prise Zucker, Salz, schwarzer Pfeffer, Fleur de Sel oder grobes Meersalz, Olivenöl.

Werkzeuge, Geräte, Geschirr:
Ein Kochtopf, ein Dampfkocher oder eine Alufolie, ein Reibeisen, ein Trüffelhobel und eine kleine Kasserolle.

Und nun geht's los:
Wir garen die großen Kartoffeln in Salzwasser im Dampfkochtopf nach Vorschrift oder in Alufolie (50 Minuten bei 200°C). In der Zwischenzeit lassen wir in der Kasserolle ein bisschen Knoblauch in der zerlassenen Butter glasig werden, geben den Rahm, die Crème fraîche und die Brühe dazu und lassen die Sauce 10 Minuten bei mittlerer Hitze etwas einkochen. Wir reiben von unserer/unseren sauber gebürsteten Trüffel/n mit dem Reibeisen die Rundungen oben und unten in die Sauce, die wir dann mit Salz und Pfeffer abschmecken.
Nun schneiden wir bei den garen Kartoffeln, ähnlich wie bei der/den Trüffel/n, die länglichen oberen und unteren Rundungen ab und teilen die übriggebliebene dicke Scheibe in jeweils zwei Scheiben, die gut fingerdick sein sollen. Diese legen wir auf vorgewärmte flache Teller, verteilen die Sauce auf die Oberflächen der Kartoffeln, hobeln die restlichen Trüffel/n darauf, träufeln noch unser gutes Olivenöl darauf, streuen etwas Fleur de Sel oder mahlen mit der Salzmühle ein wenig grobes Meersalz darüber und mit der Pfeffermühle groben schwarzen Pfeffer.

Und dann...
Diese wunderbare Vorspeise serviere ich am liebsten zusammen mit dem hervorragenden Rosa di Montacuto, dem kräftigen, duftigen Rosé meines Freundes Alessandro Moroder. Sehr gut gekühlt – es müssen die Gläser anlaufen.

Eiernudeln mit schwarzen Trüffeln

Das brauchen wir:
400 Gramm Eiernudeln, Tagliatelle, Tagliolini oder ähnliche, 60 Gramm Butter, Knoblauch, eine Sommertrüffel von 50 bis 100 Gramm oder mehrere kleine Exemplare, eine halbe Tasse kräftige Fleischbrühe, Salz, schwarzer Pfeffer, Parmesankäse.

Werkzeuge, Geräte, Geschirr:
Ein großer Kochtopf, eine kleine Kasserolle, ein Reibeisen, eine große Porzellanplatte oder Auflaufform und ein Trüffelhobel.

Und nun geht's los:
Wir kochen die Eiernudeln keinesfalls länger als vorgeschrieben, eher eine Minute kürzer. Die Butter lassen wir bei nicht zu großer Hitze in der Kasserolle zerschleichen und geben nach Belieben, aber auch nicht zuviel Knoblauch dazu. Wir nehmen die sauber geputzte Trüffel zur Hand und reiben auf zwei Seiten die Rundungen der Trüffel mit dem Reibeisen in die Butter hinein, bis die Trüffel nur noch eine Scheibe ist, ungefähr halb so dick, wie ursprünglich die gesamte Trüffel war. Dann rühren wir die Brühe dazu und würzen mit Salz und schwarzem Pfeffer. Nachdem die Nudeln kräftig mit kaltem Wasser abgesprudelt wurden, geben wir die zubereitete Sauce in den großen Topf und dann die Nudeln dazu. Wir lassen sie bei kleiner Hitze in der Sauce ziehen, die nahezu von den Nudeln aufgesogen wird, und rühren mehrfach um.

Und dann...
servieren wir sie auf einer großen vorgewärmten Porzellanplatte oder in einer Auflaufform und hobeln die übrige Trüffelscheibe mit einem Trüffelhobel in nicht zu feinen Scheiben über die Nudeln. Es sollte niemanden stören, über dieses kräftig schmeckende Gericht Parmesankäse zu reiben.

Ein kräftiger, kühler Verdicchio ist empfehlenswert, wenn dieses Gericht als Vorspeise genommen wird, sonst ist ein junger Rotwein vorzuziehen.

Getrüffelte Krabbenlasagne

Das brauchen wir:
200 Gramm Krabben, 9 oder 12 Lasagneblätter (für drei Lagen), 1 Mozzarella, 1 Sommertrüffel von 40 Gramm.
Sauce Béchamel: 20 Gramm Butter, etwas Knoblauch, 20 Gramm Mehl, 1 Tasse Brühe, 1 Tasse Rahm, 1 Tasse Milch, 1 gehäufter Esslöffel geriebener Parmesankäse, Salz, weißer Pfeffer.

Werkzeuge, Geräte, Geschirr:
Ein mittelgroßer Kochtopf, eine ebensolche viereckige Keramikform, eine mittelgroße Kasserolle, eine Reibe und ein Trüffelhobel.

Und nun geht's los:
Wir kochen die Lasagneblätter nach Vorschrift. In der Zwischenzeit bereiten wir die Sauce Béchamel zu, indem wir in der Kasserolle bei mittlerer Hitze Butter zerlassen, etwas Knoblauch zugeben und mit einem Schneebesen das Mehl unterrühren. Wenn die Masse fest und bröckelig wird, geben wir die Brühe, die Milch und den Rahm dazu und rühren sie glatt. Ist sie noch zu fest, rühren wir noch etwas Milch ein, bis wir eine schwer vom Schneebesen tropfende Crème haben. Wir reiben nun die Rundungen der Trüffel mit einer Reibe in die Crème, mischen den Parmesankäse hinein und schmecken mit Salz und weißem Pfeffer ab.
Wir geben in die Form ein paar Löffel der Sauce und verteilen sie gut. Nun legen wir den Boden mit Lasagneblättern aus, verteilen die Krabben darauf, geben mehrere Löffel der Sauce darüber und legen eine weitere Lage der Lasagne darüber. Wir schneiden den Mozzarella in drei bis vier Millimeter dicke Scheiben, legen sie auf die Lasagne und geben wieder einige Löffel der Sauce darüber. Nun kommt die letzte Lasagnelage, über die wir die restliche Sauce verteilen, die möglichst noch seitlich in die Form laufen soll.
Im vorgeheizten Backofen backen wir die getrüffelte Lasagne bei 200°C bzw. bei 180°C Heißluft ungefähr 20 Minuten. Sie soll oben etwas goldgelb sein, dann ist sie fertig, und wir nehmen sie aus dem Ofen.

Und dann...
hobeln wir mit dem Trüffelhobel die restliche Trüffel, schneiden die Lasagne in acht Teile und servieren sie nacheinander in zwei Portionen auf den vorgewärmten Tellern. Wer es gerne hat, kann noch etwas geriebenen Parmesankäse darüberstreuen.

Ein junger Rotwein, aber auch ein kühles Bier können eine freudige Ergänzung sein.

Fischsalat mit Trüffeln und Parmesankäse

Das brauchen wir:
200 Gramm grätenfreies Fischfilet, das beim Kochen nicht zerfällt, eine Sommertrüffel von 40 Gramm, je eine gute Handvoll Rucola und Radicchio, bestes Olivenöl, Parmesankäse, Salz und schwarzer Pfeffer.

Werkzeuge, Geräte, Geschirr:
Ein kleiner Kochtopf, ein Schneidebrett, ein Trüffelhobel und vier flache Teller.

Und nun geht's los:
Wir kochen das Fischfilet in Salzwasser und schneiden es dann in die Größe von Zuckerwürfeln. Auf die Teller geben wir etwas Olivenöl, Salz und Pfeffer und legen den Rucola und den Radicchio, die wir in kleine Stücke gerissen und vermischt haben, darauf. Nachdem wir den Fisch auf dem Salat verteilt haben, hobeln wir den Parmesankäse in dünnen Flocken und die Trüffel in nicht zu dünnen Scheiben darüber, träufeln gut Olivenöl darauf und etwas Salz und Pfeffer.

Und dann...
servieren wir den Salat mit geröstetem Weißbrot oder Vollkornbrot, auf das wir etwas Olivenöl geträufelt haben. Wer sich Salat ohne Essig nicht vorstellen kann, gibt ein paar Tropfen davon dazu.

Ein trockener, kühler Weißwein ist dazu empfehlenswert.

Wachtelbrüstchen und Schenkel mit Portwein-Trüffelfarce und Sommertrüffeln

Gamberetti auf Rucola und Parmesankäste mit Trüffeln

Spießchen von getrüffelten Fischröllchen

Das brauchen wir:
Ein Filet von 300 Gramm vom Viktoriabarsch oder einem ähnlichen Fisch, dessen Fleisch sich gut zu dünnen Scheiben schneiden lässt und beim Garen nicht zerfällt, 10 schwarze entkernte Oliven, eine Sommertrüffel von 30 bis 40 Gramm oder mehrere kleinere Exemplare, aber auch Trüffelpaté aus dem Glas, 1/2 Teelöffel Tomatenmark, Olivenöl, Knoblauch, Zucker, Semmelbröseln, Butter, 2 Esslöffel Brühe, Salz, schwarzer Pfeffer.

Werkzeuge, Geräte, Geschirr:
Ein Schneidebrett, ein Wiegemesser, ein Reibeisen, eine kleine Rührschüssel, 8 mittelgroße Holzspießchen, eine große Bratpfanne, eine kleine Kasserolle und vier große, flache und vorgewärmte Teller.

Und nun geht's los:
Wir haben das Filet bereits auf Grätenfreiheit überprüft und schneiden es, je nach Dicke, quer in zwei, drei oder vier dünnere Scheiben. Aus diesen Scheiben schneiden wir drei bis vier Zentimeter breite und acht bis zehn Zentimeter lange Streifen, aus denen wir später die Röllchen bereiten.
Wir hacken mit dem Wiegemesser die Oliven fein. In der kleinen Kasserolle erwärmen wir zwei Esslöffel Olivenöl und lassen etwas Knoblauch darin glasig werden. Wir nehmen die Hitze ganz weg und geben den halben Teelöffel Tomatenmark und die Oliven dazu, eine Prise Zucker, Salz und Pfeffer sowie einen halben Teelöffel Semmelbröseln. Nun reiben wir die Trüffel mit einem Reibeisen dazu (heben uns aber ein wenig davon auf oder geben von der Paté dazu) und schmecken die Farce ab. Vor uns liegen nebeneinander die zugeschnittenen Fischscheiben, die wir leicht beidseitig salzen und auf die wir die Farce streichen. Dann rollen wir sie zu kleinen Röllchen, die wir abzählen und gleichmäßig auf die Spieße stecken.
Mit der Faust drücken wir die Röllchen etwas breit und in Semmelbröseln hinein, die wir auf einen flachen Teller gestreut haben.
In der Bratpfanne lassen wir zwei walnussgroße Stück Butter mit ganz wenig Knoblauch nicht zu heiß werden. Wir legen die Spieße hinein, bis sie auf beiden Seiten eine schöne goldbraune Farbe bekommen haben, dann nehmen wir die Hitze weg, geben die zwei Esslöffel Brühe dazu, um das Bratfett zu verlängern, und reiben den Rest der beiseite gelegten Trüffel hinein.
Und dann...
nehmen wir die Spieße aus der Pfanne und legen sie, immer zwei, auf die großen vorgewärmten Teller und ziehen vorsichtig die Holzspieße heraus. Nun liegen die Röllchen von zwei Spießen nebeneinander auf jedem Teller und sehen aus wie zwei Filets, auf die wir das Bratfett mit den geriebenen Trüffeln träufeln. Dazu reichen wir frisches Weißbrot.

Vitello tartufato

Das brauchen wir:
300 Gramm Kalbslende, eine Sommertrüffel von 30 bis 50 Gramm oder mehrere kleine Exemplare, 75 Gramm Mayonnaise, 2 große Esslöffel Crème fraîche, 2 Esslöffel kräftige Brühe, Zucker, Salz, schwarzer Pfeffer.

Werkzeuge, Geräte, Geschirr:
Ein mittelgroßer Kochtopf, ein Schneidebrett, ein Reibeisen, evtl. ein Trüffelhobel und eine große, flache Porzellanplatte.

Und nun geht's los:
Wir bringen zwei Liter Wasser im mittelgroßen Kochtopf zum Kochen und streuen Salz hinein. Das von Fett und Flachsen befreite Stück Fleisch legen wir in das Wasser, gehen sofort auf kleine Hitze und lassen es an die vierzig Minuten mehr ziehen als kochen. Danach nehmen wir das Fleisch heraus und schneiden es mit einem scharfen Messer oder, wenn vorhanden, mit einer Schneidemaschine in nicht zu dünne Scheiben, die wir bis zum Anrichten auf einem Teller aufeinandergelegt lassen.
Während dieser Zeit bereiten wir eine Sauce aus selbstgerührter (besser) oder fertiger Mayonnaise, der Crème fraîche und der Brühe, geben eine Prise Zucker dazu, reiben die Rundungen der schwarzen Trüffel mit einem Reibeisen unter die Sauce und schmecken sie mit Salz und gut schwarzem Pfeffer ab. Aus dem Mittelstück der Trüffel schneiden wir Scheiben von drei, vier Millimetern Dicke und aus diesen ebensolche Würfel.

Und dann...
legen wir einige Esslöffel der Sauce auf die Porzellanplatte und verteilen sie gleichmäßig. Darauf richten wir die Kalbfleischscheiben im Schuppenmuster an, bedecken sie mit der restlichen Sauce vollständig und streuen die Trüffelwürfel darüber.
Wenn diese Vorspeise nicht sofort verwendet wird, mit Klarsichtfolie abdecken und in den Kühlschrank stellen.

Wir reichen Weißbrot dazu und servieren einen fruchtigen Weißwein oder einen Rosé dazu.

Nota bene:
Wenn wir statt der schwarzen Trüffel die Herrentrüffel verwenden wollen, reiben wir in die Sauce nur ein wenig davon hinein, streuen keine Würfel über die Speise, sondern hobeln mit dem Trüffelhobel feine Scheiben darüber. Dann reicht uns auch eine Trüffel von 10 bis 15 Gramm aus.

Getrüffeltes Kalbfleisch à la tatare

Das brauchen wir:
400 Gramm durchgedrehtes Kalbsfilet, 1 Sommertrüffel von 50 Gramm oder 1 Herrentrüffel von 20 Gramm, Olivenöl, Salz, schwarzer Pfeffer, weißer Pfeffer.

Werkzeuge, Geräte, Geschirr:
Eine mittelgroße Rührschüssel und eine ebensolche Porzellanplatte, etwas Klarsichtfolie, eine Reibe und ein Trüffelhobel.

Und nun geht's los:
Wir reiben die Rundungen der Trüffel in die Rührschüssel mit dem Fleisch, verrühren dieses mit einer Mokkatasse Olivenöl und schmecken mit Salz und gut Pfeffer ab (bei der Sommertrüffel empfehle ich schwarzen Pfeffer, bei der Herrentrüffel weißen Pfeffer). Die Masse verteilen wir nun gleichmäßig dick auf der Porzellanplatte, streichen sie glatt und hobeln das Mittelstück der Trüffel (bei der Sommertrüffel nicht so dünn, bei der Herrentrüffel sehr dünn) gleichmäßig verteilt darüber, träufeln noch etwas Olivenöl darauf und salzen und pfeffern (wie oben) nochmals. Mit einer Folie abgedeckt, lassen wir das Fleisch im Kühlschrank ziehen.

Und dann...
Ein halbe Stunde vor dem Servieren nehmen wir die Platte aus dem Kühlschrank – damit sich das Aroma durch die Erwärmung gut entwickeln kann –, entfernen die Folie und servieren das Gericht. Dazu reichen wir frische, vielleicht sogar leicht gewärmte Weißbrotscheiben, auf die sich die Gäste mit einer Gabel das Fleisch legen können. Dieses Von-einer-Platte-Essen ist sozialkulinarisch sehr wertvoll und als Vorspeise für ein ländliches Mahl besonders gut geeignet.

Dazu bieten wir einen leichten, gut gekühlten Weißwein an.

Bruschette mit Kalbstatar und Trüffeln

Schwarzgetrüffelter Kapaun – Traumgericht von Kardinälen und Trüffelsuchern

Das brauchen wir:
1 bratfertiger kleiner Kapaun (kastrierter Gockel) oder 1 Jungmasthahn von ca. zwei Kilogramm, 300 Gramm Sommertrüffeln, 3 Knoblauchzehen, 2 scharfe Peperoncini oder Chilischoten, etwas zerlassene Butter, 1/2 Tasse Brühe, Salz, schwarzer Pfeffer.

Werkzeuge, Geräte, Geschirr:
Eine große Auflaufform, eine kleine Porzellanplatte (vorgewärmt), eine mittelgroße Porzellanplatte (vorgewärmt) und eine Geflügelschere.

Und nun geht's los:
Wir nehmen den Kapaun, salzen und pfeffern ihn innen und außen gut und füllen ihn mit den sauber und unter laufendem Wasser gebürsteten Trüffeln, den Knoblauchzehen und den Peperoncini oder den Chilischoten. Damit die Füllung im Geflügel bleibt, nähen wir es mit zwei oder drei Stichen mit einem Küchengarn zu. Wir bestreichen das Geflügel mit zerlassener Butter und legen es in die Auflaufform, zunächst mit der Oberseite nach unten.
Wir stellen die Auflaufform in den gut vorgeheizten Backofen bei ca. 240°C, bei Heißluft ca. 200°C. Wenn die Haut goldbraun geworden ist, drehen wir das Geflügel mit der Oberseite nach oben. In die Auflaufform geben wir nun die Brühe, die wir nun, mit dem Bratenfett vermischt, von Zeit zu Zeit mit einem Esslöffel über das Geflügel geben. Die Bratzeit beträgt gesamt 60 bis 80 Minuten. Wenn sich die Keulen weich anstechen und wässeriger Fleischsaft herausläuft, ist der Garzustand optimal.

Und dann...
nehmen wir die Auflaufform aus dem Backofen, teilen das Geflügel mit einer Geflügelschere zunächst in zwei Teile, nehmen die Füllung mit einem Esslöffel vorsichtig heraus und legen sie auf die kleine vorgewärmte Porzellanplatte.
Dann teilen wir die beiden Hälften in mehrere Stücke und legen sie auf die andere Porzellanplatte. Ist der Bratensaft in der Auflaufform zu sehr eingekocht, lösen wir ihn mit etwas Wasser oder Brühe, schmecken ihn ab und gießen ihn über die Geflügelteile und bringen die Porzellanplatten auf den Tisch.
Als Beilage empfehlen sich Salzkartoffeln.
Ist weder ein Kapaun noch ein Masthahn zu erwerben, oder vielleicht keine oder zu wenig Trüffeln? Dann nicht den Mut verlieren, eine schöne Wachtel nehmen und die Mengenangaben in Relation setzen.

Dazu servieren wir einen kräftigen Rotwein und schenken bei der Variation »Wachtel« besonders gut ein.

Gorgonzola mit Portweintrüffeln

Das brauchen wir:
200 Gramm milder Gorgonzola mit Mascarpone, 1 Périgord-Trüffel von 15–20 Gramm, eine Espressotasse Portwein, 2 Esslöffel kräftige Brühe, Zucker oder Ahornsirup, schwarzer Pfeffer.

Werkzeuge, Geräte, Geschirr:
Eine kleine Kasserolle, ein Schneidebrett, vier gut vorgewärmte kleine Schälchen oder Mokkatassen, vier Mokkalöffel und eine Reibe.

Und nun geht's los:
Wir reiben die Rundungen der Trüffel in die Kasserolle. Das Mittelteil der Trüffel schneiden wir in messerrückendicke Scheiben und sodann zu Würfeln, die wir mit dem Portwein und der Brühe in die Kasserolle geben. Mit gut schwarzem Pfeffer lassen wir die Sauce auf die Hälfte reduzieren und schmecken mit Zucker oder Ahornsirup ab, bis sie eine gewisse, dezente Süße hat.

Und dann...
geben wir je ein Löffelchen der Sauce in die vorgewärmten Schalen oder Tassen, legen ein Viertel des Gorgonzolas darauf und verteilen den Rest der Sauce darüber.

Zu diesem »Über-Gang« zwischen Hauptgang und Dessert servieren wir, wenn der letzte Wein ein roter war, diesen; besser den gekühlten Portwein.

Tournedos Rossini mit Norcia-Trüffel

Vanilleeis mit Trüffeln

Das brauchen wir:
Fertiges gutes Vanilleeis für vier Personen, 1 superfrische Sommertrüffel von 40 Gramm oder zwei von 20 Gramm, 1/4 Glas süßer Sherry oder weißer Portwein, 50 Gramm Vollmilchschokolade.

Werkzeuge, Geräte, Geschirr:
Ein Schneidebrett, ein Wiegemesser, eine kleine Kasserolle, vier Eisschalen, Eisbecher oder Sektschalen.

Und nun geht's los:
Wir lassen das fertige Vanilleeis etwas im Warmen stehen, damit es weich wird und wir es rühren können. Von der gebürsteten Trüffel schälen wir die schwarze Schale restlos ab und schneiden sie zunächst in 3–4 Millimeter dicke Scheiben. Die seitlichen runden Scheiben wiegen wir mit einem Wiegemesser klein. Die übrigen Scheiben schneiden wir in 3–4 Millimeter breite Stifte, die wir auf 2–3 Zentimeter Länge zuschneiden. Das Kleingewiegte rühren wir nun mit dem Sherry oder dem Portwein unter das Vanilleeis und stellen es wieder in die Tiefkühlung.
Wir lassen die Schokolade vorsichtig in der kleinen Kasserolle schmelzen und tauchen die Trüffel-Stifte mit den Enden hinein, was uns an dicke Streichhölzer erinnert. Die Stifte legen wir auf einen Teller und lassen die Schokolade abkühlen und fest werden.

Und dann...
nehmen wir das Eis aus der Tiefkühlung, legen die mit einem Eisportionierer geformten großen Kugeln in die Schalen, in Eisbecher oder Sektschalen und stecken die Stifte in die Kugeln, die dann wie Igel aussehen.
Das aparte an diesem Dessert ist der Biss in die Trüffelstücke, die an Walnüsse erinnern und deren Geschmack sich wunderbar mit der Vanille verbinden, wenn die Trüffel wirklich ganz frisch ist.

Und wer mag, gönnt seinen Gästen einen lyrischen Genuss:

Tartufo

Girello dalla terra ascosa,
Fraganza di donna in amore,
Mistero di connubi ipogei.

Oh Trüffel

Losgelöst von der verbergenden Erde,
Duft der verliebten Frau,
Geheimnis unterirdischer Bündnisse.

(anonym)

Von der Haltbarkeit und der Aufbewahrung von Trüffeln

Trüffeln sind am allerbesten, wenn sie ganz frisch aus dem Boden kommen. Sie bestehen im Schnitt – wie schon erwähnt – zu 67 Prozent aus Wasser. Jeden Tag verlieren sie, je nach Trüffelart, bis zu sieben Prozent ihres Gewichtes – bei unsachgemäßer Lagerung kann es sogar auch noch mehr sein – und damit an Würze und Delikatesse.

Der Salzbüchsl-Tipp: Nichts als Reis mit hohem Preis

Immer wieder lese ich von dem Vorschlag, Trüffeln in Reis zu transportieren und aufzubewahren. Dem Salz tut der Reis schließlich auch gut: Es bleibt trocken und stets streubar. Der hartnäckig und immer wieder kolportierte Reis-Trüffel-Tipp trägt jedoch nicht etwa, wie kühn versprochen, dazu bei, den Geschmack zu erhalten, nein, der Reis entzieht seinem Nachbarn sogar das Aroma. Die Trüffeln verlieren zudem sehr schnell an Konsistenz. Einziger Trost: Aus dem Reis lässt sich ein wunderbarer *risotto* zubereiten, aber die armen Trüffeln werden zu Statisten degradiert.

Auch von der Aufbewahrung von Trüffeln in einem Marmeladenglas ist abzuraten: Es bildet sich bereits nach kurzer Zeit, auch bei Kühlung, Kondenswasser, und die Trüffeln werden schmierig.

Ich habe auch von dem Vorschlag gelesen, frische Trüffeln zu Eiern in einen verschlossenen Behälter zu legen. Dann würden die Eier den Trüffelduft aufnehmen und herrlich schmecken. Doch die Trüffel ist kein olfaktorisches Perpetuum mobile und hat um so weniger Aroma und Duft, je mehr ein anderer Geruchsträger an Duftintensität zunimmt.

All diese Geheimtipps hören sich schön an, sind aber nicht sehr wirkungsvoll. Da hoble ich doch lieber »ungemolkene« Trüffeln über meine Spiegeleier.

Werden Trüffeln in Öl gelegt, verhält es sich genauso: Es entsteht trüffeliges Öl, ein teurer Spaß, die Trüffeln sind dann weich und ohne Geschmack und können nicht mehr ernsthaft verwendet werden.

Der beste Ort

Nach vielen Gesprächen mit Trüffelhändlern, Köchen und Hausfrauen, nach zahllosen Experimenten und aufgrund der im Lauf von Jahren gewonnenen Erfahrung empfehle ich, Trüffeln wie folgt aufzubewahren:

Die Trüffeln nicht putzen, also – sofern noch vorhanden – die konservierende Erde nicht entfernen. Wickeln Sie die Trüffeln in eine Lage von trockenem

Küchenkrepp, dann in eine weitere Lage Krepp, die mit ein paar Spritzer Wasser angefeuchtet wird und schließlich in eine dritte Lage von Küchenkrepp, die wieder trocken ist. Das Ganze in ein Küchenhandtuch einschlagen und in das Gemüsefach des Kühlschrankes legen.
Trüffeln haben einen sehr intensiven Geruch. Wer sie im Kühlschrank lagert, muss damit rechnen, dass der ganze Inhalt von dem starken Duft geprägt wird. Angela hat es sich seinerzeit verbeten, dass ihr beständig eine Trüffelwolke aus unserem Kühlschrank entgegenschlägt und dass die ganze Küche streng riecht, wenn sie nur eben Butter oder Milch herausholen wollte. Und so habe ich mir einen Minikühlschrank ausschließlich für die Errungenschaften meiner Trüffeljagd angeschafft.
Das Lagern von Trüffeln in verschlossenen Gläsern oder Plastikbehältern schadet ihnen sehr. Durch die Verdunstung entsteht Wasserdampf und durch den weiteren Reifeprozess entstehen auch Gase, die in geschlossenen Behältern einen Überdruck erzeugen. Dadurch verlieren die Trüffeln um so schneller an Duft und Konsistenz. Durch den Druck, unter dem die Trüffeln unter solchen Aufbewahrungsverhältnissen stehen, erklärt sich auch das Phänomen, nach welchem sogar aus dem verschlossenen Marmeladenglas der Trüffelgeruch dringt.
Falls Sie Trüffeln im Ursprungsland gekauft haben und mit auf die Heimreise nehmen möchten, sollten Sie Ihre Errungenschaft wie vorher beschrieben verpacken. Ein Behältnis aus Styropor, in das einige Kühlelemente hineingelegt werden, bietet die beste Transportmöglichkeit.

Die Haltbarkeit von Trüffeln ist sehr unterschiedlich. Folgende Angaben gelten bei oben beschriebener optimaler Aufbewahrung.

Bianchetti haben einen besonders hohen Wassergehalt und werden schon nach zwei bis drei Tagen weich, weswegen sie kaum exportiert werden und sich nicht zum Mitnehmen über längere Reisestrecken eignen.

Sommertrüffeln halten sieben bis zehn Tage. Sie können, wie die *bianchetti* auch, eingefroren werden, wodurch sie etwas an Duft, vor allem aber die Konsistenz verlieren. Wenn ich nicht alle frischgefundenen Trüffeln innerhalb einiger Tage verwenden kann, reibe ich sie mit einer Käsereibe locker in ein Glas mit Schraubdeckel und friere sie ein. Bei Bedarf, etwa für Saucen, kratze ich mit einer Gabel die benötigte Menge heraus und halte den Rest weiterhin tiefgefroren bis zum nächsten Bedarf. Im Ganzen eingefroren, wird die Trüffel weich und labberig, sobald sie auftaut. Sie kann zwar in gefrorenem Zustand gehobelt werden, das ist aber nicht ganz einfach, und im übrigen sind diese Scheiben keine Augenweide.

Trüffelbutter herzustellen, wie im Kapitel »Aus meiner Trüffelküche« beschrieben, ist eine angenehme und sinnvolle Methode, den Trüffelgeschmack zu erhalten.

Herrentrüffeln halten vier bis sechs Tage. Eingefroren verlieren sie außer der Konsistenz auch den Duft, der erst durch die feinstgehobelten Scheiben zu seiner vollen Geltung kommt.

Périgord-Trüffeln werden seit dem Entstehen der französischen *haute cuisine* in Wein, vornehmlich in Portwein, gekocht und konserviert. Diese Methode ist nach wie vor die beste und gibt der Trüffel zudem einen aparten Geschmack, der noch angenehmer ist als der im rohen Zustand. Diese Geschmacksverbesserung oder -verstärkung kann bei der Sommertrüffel nicht erreicht werden. Bei der Zubereitung von feinen Saucen zu Fleischgerichten trägt zudem die Verwendung des Portweins, in dem sie konserviert wurde, erheblich zur Verfeinerung bei. Scheiben in der Dicke eines Messerrückens bieten den größten kulinarischen Genuss.

Von Persönlicheiten aus vier Jahrtausenden, die was mit Trüffeln zu tun hatten

Marcus Gavius Apicius (geb. 25 n. Chr.), römischer Feinschmecker und Koch Kaiser Traians definierte in seinem Kochbuch »de re coquinaria« die Trüffel als *cibus deorum*, als Götterspeise. Die Preise müssen damals schon sehr »gesalzen« gewesen sein, denn die in seinem Kochbuch vorhandenen sechs Trüffelrezepte befinden sich unter den teuersten Gerichten. Plinius nannte Apicius den *größten aller Verschwender.*

Isabella Allende (geb. 1942), die unter anderem auch ein Buch über erotisierende Speisen geschrieben hat, erinnert daran, dass die Trüffeln *Hoden der Erde* genannt werden, und mit ihrem erprobten Ansehen als *Aphrodisiakum* in der traditionellen Küche für unentbehrlich gehalten werden.

Der **hl. Ambrosius** (340–397) wurde, als er noch nicht heilig, sondern Stadthalter des nördlichen Italiens war, vom Bischof San Felice von Como regelmäßig mit Trüffeln versorgt. 374 wurde er Bischof von Mailand.

Die **hl. Hildegard von Bingen** (1098–1179) kannte und beschrieb die weiße Hirschtrüffel (boletus cervinus), die in Deutschland heimisch ist.

Napoleon Bonaparte (1769–1821) staunte über die Fähigkeit eines seiner Offiziere, bei jedem Heimaturlaub ein Kind zu zeugen. Der Soldat versprach sein Geheimnis zu lüften. Er brachte Napoleon einen *Korb voller Trüffeln* mit. Neun Monate später, so erzählt man sich, habe Marie Louise einen Knaben geboren.

Anthelme Brillat Savarin (1755–1826) nannte die Trüffeln *schwarze Diamanten der Küche.*

Curnonsky (von lat. Cur non = warum nicht, 1872–1956), alias maurice Edmond Sailland, Mitgründer der Chaîne des Rôtisseurs, Journalist, Kenner der »*feinen Mäuler von Frankreich*« und ein Prominenter des lukullischen, pariser Lebens Mitte des 20. Jahrhunderts, auch Prinz der Gastronomie genannt, wurde von einer Kellnerin gefragt: wie hätten Sie gerne Ihre Trüffeln, Monsieur? Er antwortete frohgemut: *In möglichst großer Menge, Mademoiselle*!«

Alessandre Dumas (1802–1870) nannte die Trüffel das *sacrum sacrorum aller Gourmands* dessen Namen kein Gastronom aussprechen könne, *ohne dabei den Hut abzunehmen.*

Herzog Alfonso d'Este machte die Trüffel hoffähig und die schöne Lucrezia Borgia half ihm dabei.

Eustache Deschamps (1345–1404), der in Vertus/Champagne war Pair am französischen Königshof und bezeichnete die Trüffel in seiner »anderen Ballade gen die Trüffel«, als heimtückische Frucht, deren »Fleisch so ungesund und zerstörerisch wirkt und Euch noch kränker macht, als ein Anfall von Tiercaine (Malaria)«.

Johann Wolfgang von Goethe (1749–1832) ließ besonderen Gästen in Weimar einen Truthahn mit heimischen Trüffeln servieren.

König Faruk (1920–1965), von Ägypten wurde 1950 von piemonteser Gastronomen und Politikern zum Trüffelgenießen eingeladen, was der weißen Trüffel aktuelle königliche Weihen bescherte und der Nachkriegsgeneration und deren Söhne und Töchter kulinarische Ziele vorgab.

Mata Hari, alias Margaretha Geertruida Zelle, die berüchtigte Spionin, die am 15.10.1917 hingerichtet wurde, forschte bei intimen Dîners mit Trüffeln wichtige deutsche und französische Persönlichkeiten aus.

Alfred Hitchcock (1899–1980) drehte nach einem Besuch im Piemont einen Kurzfilm mit dem Titel il tartufo.

Laerzio Liciono, römischer Konsul, aß gerne, wie bei den Römern üblich, eine Trüffel wie einen Apfel. Einmal biss er in ein besonders schönes Exemplar hinein und verlor einen Zahn, da sich eine Münze darin befand. Ob die Trüffel ein zufällig in den Waldboden geratenes Geldstück umwachsen hatte oder ob eifersüchtige Kollegen dieses in die Trüffel gesteckt haben, wissen wir nicht. Seit diesem Unfall jedoch, werden Trüffeln nicht mehr im Ganzen verarbeitet und gegessen, sondern vorsichtshalber in Scheiben geschnitten oder gehobelt, wobei auch interne Faulstellen, Würmer und Insekten dadurch entdeckt und entfernt werden können.

Lucius Licinus Lucullus (117–57 v.Chr.), römischer Feldherr und Konsul, war ein Liebhaber der Trüffel und bezeichnete diese als *edelsten aller Pilze*. Schlimmer wäre es, seiner Meinung nach, auf Trüffeln verzichten zu müssen, als auf Weizen.

Albertus Magnus (ca. 1200–1280), erwähnt in seinem pflanzenkundlichen Werk »De Vegetabilibus libri septem« *kleine, rundliche Pilze, die im Frühling erscheinen und im Mai verschwinden*. Damit waren Trüffeln gemeint, vielleicht aber Rundmorcheln. Er erwähnt aber auch verschiedene Zubereitungsarten von Trüffeln.

Marily Monroe (1926–1962) liebte Trüffeln, nachdem sie in den 50er Jahren als attraktiver Werbeträger ins Piemont geholt wurde.

Francesca Petrarca (1304–1374), der in Arqua Petrarca in der Nähe von Padua lebte, liebte die Trüffeln von den Euganäischen Hügeln und lobte deren Vorzüge in einem Sonett: *...dentro dove giammai non si aggiorr.. gravido fa di sé il terrestre umore; onde tal frutto e simile si colga...* was folgenden Worten entsprechen mag: ... dort wo kaum Tag wird, begattet der Humor die Erde; geerntet bald gleich einer Frucht ...

Pharao Cheops (2551–2528 v.Chr.) Lieblingsgerichte waren *in Gänseschmalz geschwenkte Trüffeln* und mit Trüffeln gefüllte Gänse.

Plinius der Ältere (23–79) meinte, die Trüffeln wären ein Geschenk des Himmels aber auch ein Hühnerauge der Erde. Er kombinierte Gewitterregen mit der Hitze und sah im Ergebnis die Trüffel als eine Geschwulstkrankheit der Erde. Die Heimat der Trüffeln (terfezie) wäre das »hochgelobte Afrika«, schreibt er in seiner »Naturalis Historia«. Er erwähnt dabei aber auch als Fundort die Umgebung von Damaskus und Sardinien, wo sie »tuvara de arenas« genannt wird.

Plutarch (50–125), griechischer Geschichtsschreiber und Philosoph war der Meinung, Trüffeln entstünden als Folge von Gewitter und Blitzeinschlag, sie werden gezeugt. Zeitgenossen meinten, Trüffeln stammten von seltsamen Wurzeln, die sich von der Mutterpflanze abgetrennt und verselbständigt haben oder auf durch Erdfermentierung erzeugte Klumpen zurückzuführen sind.

Madame Pompadur, alias Jeanne Antoinette Poisson (1721-1764) ließ in Versailles für König Ludwig XV, dessen Mätresse sie war, raffinierte Trüffelgerichte zubereiten.

Porphyrios (233–304), griechischer Philosoph und Neuplatoniker, behauptete, die Trüffel *sei eine Tochter der Götter.*

Gioacchino Antonio Rossini (1792–1868) nannte die Trüffel den *Mozart unter den Pilzen* und erfand unzählige Gerichte mit Trüffeln. Das bekannteste wohl die *Tournedos Rossini,* Rinderfilet mit Gänsestopfleber und Trüffelfarce. Angeblich soll Rossini seinem Koch zugerufen haben: *tournez le dos* (= dreh uns den Rücken zu), damit seine Gäste nicht zusehen konnten, wie dieses Glanzgericht zubereitet wurde.

Theophrast von Eresos (371–287 v. Chr.), griechischer Philosoph und Naturforscher schätzte die Trüffeln als wertvollen Tischschmuck. In seinen Schriften legte er dar, dass Trüffel die *Verbindung von Donner und Regen* sei. Sie ist das *leibliche Kind des Donners und der Herbstgewitter.*

kurze Trüffelmeditation Attilas vor der Suche

Von den Trüffelköchen

Gastronomische Weihen erhielt die Trüffel bereits bei einem Kochwettbewerb in Athen im vierten Jahrhundert. Das Siegergericht war »Getrüffelte Pastete nach Art des Chiromenes«: kleingeschnittene Trüffeln, zerkleinerte Fasanenbrust, Salz und Gewürze, im Ofen gebacken. In den Genuss kamen freilich nur die Wohlhabenden. Die Küche der einfachen Leute war über Jahrhunderte hinweg geprägt von dem, was zur Verfügung stand; so war der Speisezettel nicht sehr vielfältig. Es ging für viele eher darum, überhaupt etwas zu essen zu haben, wählerisch konnten sie nicht sein. Deshalb wurden neben angebauten Produkten auch alle möglichen gefundenen Früchte verwendet, die oft wenig Geschmack hatten oder erst nach langem Kochen genießbar waren.
An den Fürsten- und Königshöfen hingegen, später auch bei den reichen Bürgersfamilien, war es vornehmlich für die Präsentation wichtig, hochwertige und teure, aber auch exotische Rohstoffe einzusetzen und mit großem personellen Aufwand zuzubereiten und zu dekorieren. Der optische Effekt war wichtiger als der Geschmack oder die Bekömmlichkeit. Besonders schöne Trüffeln wurden als Tischschmuck verwendet. Es gab adelige Herren und Fürsten, die von ihrer Landbevölkerung Trüffeln als regelmäßige Abgaben forderten.

Beeindruckende Trüffeln

Den Gast zu beeindrucken sowie gesellschaftliche Position und Macht zu demonstrieren waren die Motivation für die optisch überbordenden Tafeln. Besonders ausschweifend waren die Schauspeisen, die in den Lustschlössern an der Loire hergestellt wurden. Mit Katharina de' Medici kamen italienische Köche nach Frankreich. Es war Mode, einen italienischen Koch zu haben. Herrschaftliche Hofhaltungen übertrumpften sich gegenseitig mit den Leistungen ihrer Köche, warben sie sich gegenseitig ab. Jeder Koch wollte und sollte noch verrücktere und großartigere kulinarische Dinge schaffen. So waren die Trüffeln lange Zeit, ganz oder in Scheiben geschnitten, eine begehrte Dekoration. Wie immer bei großen Nachfragen, entwickelt sich ein Markt durch neue Herstellungsmethoden oder, wie bei den Trüffeln, durch intensives Suchen, das den Bauern mit guten Prämien schmackhaft gemacht wurde. Schweine und Hunde wurden vermehrt für die Suche abgerichtet, Trüffelhaine angelegt und Trüffeln aus dem Ausland importiert. Ein Tisch ohne Trüffeln war kein feiner Tisch.

Arbeitslose Köche

Nach der Französischen Revolution eröffneten ehemalige Köche von Adelshäusern, deren Mitglieder geflohen oder auf dem Schafott gelandet waren, Restaurants. Nun war es wichtig, den Gästen Speisen zu bieten, die vor allem wohlschmeckend und nicht nur ansehnlich und teuer waren. Viele Köche erinnerten sich an die bodenständigen, bekömmlicheren Speisen, deren Zubereitung auf dem Land nie vergessen wurde. Das Wort Restaurant soll von einem dieser Köche stammen. Er soll vor seinem Gasthaus ein Schild mit der Aufschrift aufgestellt haben: *mangez chez moi, je vais restaurer vos estomacs* – eßt bei mir, ich werde Euere Mägen wieder herrichten. Die Materialien wurden nicht mehr nach der optischen Wirkung, sondern gezielter für den Geschmack eingesetzt. Die Trüffel wurde zum Würzpilz für Saucen und Farcen. Auch wurden zunehmend verschiedene Trüffelarten unterschieden, vornehmlich die häufig vorkommende Sommertrüffel, die seltenere Périgord-Trüffel und in kleinem Umfang die Herrentrüffel aus dem Piemont.

Trüffelkompositionen

Gioacchino Rossini (1792–1868) war wohl einer der ersten Trüffelköche, die uns namentlich bekannt sind. Er stammte aus Pesaro und kannte die Périgord-Trüffel, die in seiner Gegend *tartufo di Norcia* heißt. In vielen überlieferten Rezepten ließ er Trüffeln für Farcen, Saucen verwenden, Fleisch damit spicken, sie in Wein einkochen und essbare Garnituren bereiten. Er kredenzte etwa *Crêtes de Coq à la Rossini* (Hahnenkämme mit Gänseleber, Hühnerfleisch, Trüffeln); Fasan *à la Rossini* (gefüllt mit Gänseleberfarce, gedünstet, Trüffelsauce); Täubchen *à la Rossini* (in einer Kasserolle mit Wurzelgemüsen gedünstet, Fond mit Trüffelpüree, Champignons und gehacktem Schinken); Hühnerbrüstchen *à la Rossini* (gebraten, dressiert auf Gänseleberscheibe mit Trüffelsauce). Zuletzt sein berühmtestes Rezept, die *Tournedos Rossini* (dicke Rindsfiletscheibe belegt mit gebratener Gänseleberscheibe und Trüffelscheiben, übergossen mit einer Sauce von Madeirawein mit gehackten Trüffeln und Champignons). Rossini nannte die Trüffel den »Mozart unter den Pilzen« und erfand unzählige Gerichte mit ihnen. Seine Rezepte und Geheimnisse soll er streng gehütet haben, und niemand durfte ihm oder seinen Köchen dabei zusehen, wenn er seine Spezialitäten zubereitete. So, heißt es, sei auch der Name dieses Gerichtes entstanden. Rossini soll seinem Koch während der Zubereitung am Tisch zugerufen haben: tournez le dos – drehen Sie (den Gästen) den Rücken zu.

Rossini war ein phantasievoller Koch und ein passionierter Feinschmecker, der den *tuber melanosporum* über alles liebte und der immer wieder gern eine kleine persönliche Anekdote zu erzählen beliebte: »Ich habe nur zweimal in meinem Leben geweint. Das erste Mal, als ich Paganini Geige spielen hörte; das zweite Mal auf einem Schiff, als ein mit Trüffeln gefüllter Truthahn direkt vor mir über Bord fiel.«

Eine erneute Symbiose

Eine große Karriere hat die Périgord-Trüffel im kulinarischen Zusammenspiel mit der *foie gras*, der Gänseleber, gemacht. Sie hat in einer erneuten, wunderbaren Symbiose auf raffinierte selbstaufopfernde Art der Gänseleber ihren Geschmack geschenkt.
In deutschen, italienischen und französischen Kochbüchern des 19. und 20. Jahrhunderts sind viele Trüffelrezepte zu finden – besser gesagt, Rezepte, in denen Trüffeln zu verwenden sind. Diese bleiben aber bis auf wenige Ausnahmen Beiwerk, Würze. Zwei dieser Ausnahmen sind Rezepte, in denen Trüffeln in Asche zubereitet oder Trüffelscheiben mit Butterflocken in eine Consommé getaucht werden (diese Kreation stammt von Alfred Walterspiel). Im Appetitlexikon aus dem Jahr 1894 finden wir eine ansprechende Beschreibung: »Trüffeln sind nächst dem Salz das edelste der Gewürze und nächst der Kartoffel die kostbarste aller Knollen.« Betrachtet man die Trüffel in der Tat als Gewürzknolle, wäre bei Nudelgerichten die Trüffel, sogar die Herrentrüffel, auch heute lediglich Beiwerk – wenn sie auch wegen der horrenden Preise die unumstrittene Hauptrolle spielt.

Bequemlichkeit und der unkritische Gast

Die Fertigkeiten unseres heutigen Kochnachwuchses, mit Trüffeln zu kochen, sind leider nicht sehr vielseitig. Unstreitig ist, dass sich Kochstars und »alte Hasen« mit Trüffeln befassen: Sie reanimieren alte Rezepte und schaffen neue Kreationen. Viele »normale« Köche wissen jedoch gerade noch zwischen schwarzen und weißen Trüffeln zu unterscheiden. Mythen und Legenden sowie Mode- und Prestigedenken sind der Phantasie nicht unbedingt zuträglich, unkritische Verbraucher tragen das Ihre dazu bei. Und so finden wir bei uns in Deutschland neben Tagliatelle, Spiegeleier auf Rahmspinat und Tournedos Rossini nur wenig Trüffelspeisen. Es wäre ein noch weitgehend ungenutzter Quell der Gaumenfreude, wenn ein umfangreicheres Wissen über die Trüffel unsere jungen Köche anregen wollte, die große Vielfalt von Speisen, die mit Trüffeln verfeinert werden können, zu erkennen.

Würde die Trüffel von der Zunft der Meisterköche stärker beachtet, so träte mit den duftenden Erdgewächsen nicht nur irgendein Produkt der Natur wieder in den Fokus, sondern eine Frucht, die immer wieder von geradezu entscheidender politischer Bedeutung gewesen ist. Wer einen *tuber* auf dem Teller hat, den umweht ein gewissermaßen historischer Duft der Entspannung: So gelang es den Autoritäten des Städtchens Acqualagna im September 1506, den kriegerischen Papst Julius II., der soeben im Begriff war, sich Bologna zu unterwerfen, durch einen Korb voller Herrentrüffeln sanft zu stimmen. Glücklich schätzten sich seine Bürger, weil die hungrigen Soldatenhorden des Papstes, denen von den

Trüffeln nichts vergönnt war, die kleine Stadt auf ihrem Rückzug nach Rom in Frieden dennoch links liegenließen.
Rund dreißig Jahre später, im Jahr 1537, rettet sich die Stadt Alba vor der zerstörerischen Belagerung durch Karl V., indem sie den Souverän mit einer derart exquisiten *fonduta al tartufo* verwöhnt – mit geschmolzenem Fondinakäse und weißen Trüffeln.
Und schließlich hält sich das Gerücht, dass Frankreichs Verhandlungsposition auf dem Wiener Kongress, als es um die Neuordnung Europas nach den Napoleonischen Kriegen ging, deutlich gestärkt war. Es hatte nämlich Charles Maurice de Talleyrand (1754–1838) etwas Besonderes im Gepäck: den Koch Marie-Antoine Carême samt herrlichen Trüffeln, die für eine außerordentlich gute Verhandlungsatmosphäre gesorgt haben sollen.
Als der 39. amerikanische Präsident Jimmy Carter im Jahr 1974 die Stadt Alba besuchte, schenkte man ihm eine Trüffel von über zwei Kilogramm. Die Geste wurde gewiss als sehr freundlich empfunden, so recht etwas anzufangen mit der merkwürdigen Knolle wusste die US-Gesandtschaft indes wohl nicht: Es wird erzählt, dass auf die Nachfrage an den Präsidentenkoch, wie denn die Trüffel so gewesen sei, dieser geantwortet habe, sie hätte ziemlich lang gekocht werden müssen, bis sie gar war.

Von preiswerten Trüffeln

Vor vielen Jahren wurde ich von Angela zu meinem Geburtstag im Dezember in ein nobles italienisches Ristorante in München eingeladen, das auch in der Serie *Monaco Franze* eine Rolle spielte. Die weißen Trüffeln waren damals noch selten auf der Speisenkarte, und ein Teller mit Tagliatelle kostete mit dünnsten Trüffelscheiben immerhin 15 Mark. Heute kostet jede einzelne »Hobelung« zehn Euro. Zurück in die Achtziger: Am Tisch neben uns saß ein Pärchen. Er in feinem grauen Tuch. Juniorchef oder Abteilungsleiter. Sie, aufwendig zurechtgemacht im Minirock, den sie nach jedem erneuten Beine-Übereinanderschlagen mühevoll und schamhaft in Richtung ihrer weit entfernten Kniescheiben zupfte. Als sei ihr nicht recht wohl bei so wenig Stoff.

Sieht aus und riecht wie Käse

Auf dem Tisch stand ein Sektkühler mit einer Flasche Moët-Chandon. Wir hatten unsere Trüffelei schon hinter uns und beobachteten, wie sich der Kellner mit dem Kästchen mit den Trüffeln darin dem Paar näherte. Die Tagliatelle lagen schon dampfend in den beiden Tellern. Der Kellner stellte irgendeine Frage, worauf er eine Trüffel aus der Schatulle nahm und über die Nudeln der Dame hobelte. Nach kurzem hielt er inne und schaute den Juniorchef fragend an. Noch mehr? Sicher, nur zu. Gleiche Prozedur auch bei seinem Teller. Das war eine ganze Menge Trüffeln. Das wird teuer, dachten wir.
Die Teller waren leer, der Kellner kam wieder und fragte, ob es auch gemundet hätte. »Sehr gut«, sagte der Juniorchef, »nur der Käse, den sie darübergerieben haben, hat etwas eigenartig geschmeckt.«
Wir waren leider schon mit unserem Dessert fertig und tranken bereits einen *caffè corretto*. Gerne hätten wir noch miterlebt, wie dem Trüffelpaar die Rechnung präsentiert wurde. Aber sie waren erst beim Hauptgang. Die zweite Flasche Moët wurde soeben für sie geöffnet. Die Stimmung der beiden wurde offensichtlich immer besser. Nun zupfte sie auch nicht mehr an ihrem Minirock herum.

Preise wann, wo, für was und für wen

Trüffeln sind teuer, für die meisten Menschen unerschwinglich. Presseberichte über Spitzenpreise in Sternerestaurants oder bei Benefiz-Versteigerungen schwirren unkritisch durch den Trüffelduft. In Frankreich kostete vor dem Ersten Weltkrieg ein Kilogramm Trüffeln zehn Francs. Während des Krieges sank der Preis auf unter drei Francs. In den sechziger Jahren des 20. Jahrhunderts begann der unaufhaltbare Aufstieg des Trüffelpreises. Findige Piemonteser Gastronomen haben schon damals erkannt, wie wirkungsvoll es ist, bekannte Persönlichkeiten für die Produktwerbung vor den Karren zu spannen. So trugen - wir wiederholen nur gerne - Marilyn Monroe, König Faruk von Ägypten und Alfred Hitchcock dazu bei, die Trüffel als lebenswichtiges Nahrungsmittel für die Schönen und die Reichen auszuweisen.

Wenn über Trüffelpreise gesprochen oder geschrieben wird, wird versäumt, genau zu erklären, um welche Trüffeln es sich handelt und für wen die Preise gelten. Folgende Tabelle stellt differenziert die durchschnittlichen Preise der drei wichtigsten Trüffelarten in den Jahren 2010, 2011 und 2012 dar, wobei sie im Verlauf der jeweiligen Saison um plus/minus 125 Prozent variieren können.

Trüffel aus den Marken/Italien

Trüffelpreise (Höchstpreise)	Tuber magnatum **Herrentrüffel (weiß)**			Tuber melanosporum **Périgord-Trüffel** oder **Norcia-Trüffel (schwarz)**			Tuber aestivum **Sommertrüffel (schwarz)**		
Saison	1.10. bis 31.12.			1.12.bis 31.3.			1.6. bis 31.8. & 1.10. bis 31.12.		
Jahr	2015	2016	2017	2015	2016	2017	2015	2016	2017
Durchschnittspreis in €/kg									
im Nobel-Restaurant bis zu	14.000	15.000	17.000	5.000	5.500	6.500	2.000	2.200	3.000
im Feinkostgeschäft bis zu	8.000	8.800	9.900	3.200	3.800	4.800	1.200	1.400	2.000
der Grossist verlangt	4.500	5.000	6.000	2.400	2.600	3.600	500	700	1.200
der Trüffelsucher bekommt	2.000	2.600	3.300	1.200	1.300	2.000	300	400	600

Preise ohne Gewähr - Irrtum vobehalten

Millionenschwer

Nun sei an dieser Stelle eine fiktive Hochrechnung erlaubt, die der Realität sehr nahe kommen dürfte. Sprechen wir zunächst nur von der Herrentrüffel, die von Oktober bis Dezember geerntet werden darf, das sind 92 Tage. Gehen wir von 50 echten Suchtagen aus, an denen ein professioneller *tartufaro* ein Kilogramm pro Tag findet; das sind 50 Kilogramm. Im Hinterland von Pesaro in den Marken sind an die 500 Trüffelsucher lizensiert; wenn davon vielleicht 400 tatsächlich ihr Handwerk ausüben, kommen wir auf eine Ernte von 20000 Kilogramm. Bei einem Preis von 2000 Euro, den ein Trüffelsucher bekommt, sind das immerhin vierzig Millionen Euro; und das in nur einem der vielen Trüffelgebiete und nur auf die Herrentrüffel bezogen. Zudem muss man bedenken, dass es erheblich größere Mengen an Sommertrüffeln und Périgord-Trüffeln gibt. Auf dem Teller in Sternerestaurants mit der Briefwaage gewogen, würde sich dieser Betrag auf sechshundert Millionen Euro errechnen.

Und zu Weihnachten fast geschenkt

Die Verbraucherpreise für die beiden schwarzen Arten bleiben während der jeweiligen Saison eher konstant. Die der Herrentrüffeln ist zu Beginn der Saison (1. Oktober) sehr hoch, fällt gegen Ende des Monats ab und steigt zu Beginn Dezember nochmals steil an bis Mitte Dezember. Ab dem 20. Dezember fällt er wieder stark ab, da sich zu diesem Zeitpunkt die Großhändler, Restaurants und Privatkunden für Weihnachten und Silvester schon eingedeckt haben. Wer gerne kulinarischen Nervenkitzel hat, kaufe erst ab dem 20. Dezember für das Weihnachtsessen mit den Schwiegereltern. Geht die Spekulation schief, kommt ein schönes Raclette auch gut an.

Allenfalls kurz und beiläufig und ganz am Rande erwähnen möchte ich an dieser Stelle die Privatkunden, die jeder *tartufaro* hat; und die kleinen *trattorie*, an deren Hintereingängen Duftendes in Klingendes getauscht wird; und die Parkplätze, auf denen ein duftender Kofferrauminhalt mit italienischem Kennzeichen ankommt und mit einem deutschen Kennzeichen weiterfährt. Die verdammten Einlieferungsscheine beim Grossisten mit dem obligatorischen Namen des Trüffelsuchers und der Steuernummer müssen für die *finanza* und deren jährliche Schätzung genügen!

Von Detektiv Sommer, der unterwegs ist

In der ZDF-Sendung WISO ist der Schauspieler Manfred Lehmann als Detektiv Sommer unterwegs. Ihm ist zu Ohren gekommen, dass mit Trüffeln gutgläubige Verbraucher betrogen werden. Das ZDF kam auf mich zu und fragte an, ob ich bereit wäre, diesem Verdacht nachzugehen; und ob ich zu diesem Thema etwas beitragen könne. Da war ich sofort dabei und wir vereinbarten einen Drehtermin im vergangenen Februar in München. Der Dreh sollte mit versteckten Kameras erfolgen und ich muss sagen, mir war nicht sehr wohl dabei.

Man wollte einige Restaurants besuchen und Händler am Viktualienmarkt. Auf der Speisenkarte eines der ausgewählten Restaurants fanden wir Tagliolini mit Alba-Trüffeln. Und das im Februar. Wir bestellten zwei Portionen davon, die kurze Zeit danach dampfend und stark nach Trüffeln riechend serviert wurden. Feine Eiernudeln auf denen eine gute Menge weißer Trüffelscheiben gehobelt waren und in einer Buttersauce lagen. Der starke Duft nach Trüffeln stammte unwiderlegbar vom verwendeten Trüffelöl.
Auf die Frage an die hübsche Bedienung, ob das tatsächlich Alba-Trüffel seien, da doch jetzt gar nicht die Zeit dafür wäre, wollte sie sich in der Küche erkundigen. Von dort kam dann die Auskunft, dass sie zwar nicht aus Alba kämen aber aus Italien. Sonst noch Probleme – meinte der etwas ungehaltene Geschäftsführer. Nun, so weit ist Marokko ja nicht von Italien entfernt. Es waren einwandfrei Trüffeln aus dem Sand von Marokko, die dort zum Preis von € 15 pro Kilo gehandelt werden. Sie sind gleichmäßig weiß-beige haben aber nahezu keinen Geschmack. Dafür um so mehr das Trüffelöl, das uns schwer im Magen lag. Bei den anderen besuchten drei Restaurants gab es Périgordtrüffeln aus Frankreich und Bianchetti aus Italien. Die Qualität war gut und der Preis im Verhältnis. Keine Beanstandungen.
Auf dem Viktualienmarkt waren in einer Galsvitrine weiße Trüffel ausgestellt und als Bianchetti aus Italien angeboten. Zum Preis von € 4.900 pro Kilo. Wir haben ein Stückchen von 5 Gramm gekauft und dafür 25 € bezahlt. Geruch und Optik entlarvten die angeblichen Bianchetti als Trüffel – schon wieder – aus Marokko. Um ganz sicher zu gehen, haben wir dann die Ware von Prof. Reinhard Agerer von der LMU München im Labor untersuchen lassen. Vor laufender Kamera sagte er: wir haben das Trüffelstück untersucht und an Form und Größe der Sporen festgestellt, dass es sich nicht um Bianchetti handelt sondern um eine Trüffel aus Marokko. Auch haben wir Madengänge in der Trüffel entdeckt und kleine Krümmel, die man als Madenkot bezeichnen kann.
Volltreffer!
Als wir den Trüffelhändler mit dieser Tatsache konfrontierten, wurde meinte er nur lapidar: ich weiß nur das, was auf der Rechnung steht und wenn Bianchetti aus Italien drauf steht, dann sind das für mich Bianchetti. Keine schlechte Handelsspanne.

mystischer Trüffelort im Apennin: Castello di Precicchie

Von einem jungen Hund

Ich denke allmählich daran, einen zweiten Trüffelhund heranzuziehen. Er könnte mit Attila mitlaufen. Kein Welpe sollte es sein, sondern ein Tier, das bereits ein Jahr alt und schon etwas auf seine Berufung vorbereitet ist. Franco ist mein guter Ratgeber, er hat mir seinerzeit Attila verkauft; er kennt die Trüffel-und die Trüffelhundeszene. Lorenzo, ein Bekannter von ihm, geht ab und zu mit einem auf Trüffelsuche, der Lagottos züchtet. Er wird ihn anrufen und fragen, ob er einen seiner Hunde abgibt. Nach einigen Telefonaten zwischen mir, Franco, Lorenzo und dem Hundezüchter bietet sich ein Hündchen mit neun Monaten an, das er, schwersten Herzens, unter Umständen abgeben würde. Nur in gute Hände, denn einen Hund mit so guten Anlagen hat er noch nie gehabt; und er würde ihn überhaupt nur hergeben, weil Franco ein *amico* ist und keine schlechten Leute zum Freund hat.

Die beste tartufaia Italiens

Lorenzo wohnt im *interland* von Fano und Pesaror dem absoluten Trüffelzentrum in den Marken. Ich habe mich nie getraut, mit Attila in dieser Gegend zur Trüffelsuche zu gehen, weil dort nur Profis unterwegs sind, die nicht mit sich spaßen lassen. Ich kenne dort keine präzisen Trüffelgebiete und auch keinen toleranten Trüffelsucher, der mich einweisen könnte. An einem Dienstag Anfang Dezember um sieben Uhr morgens holt mich Franco zu Hause mit seinem Allrad ab. Hast du deine Gummistiefel dabei? Attila nehmen wir auch mit. Wir wollten doch nur den jungen Hund anschauen. Wir werden sehen. Stiefel, *vanghetta*, Hundekuchen, Handschuhe und Attila werden in den Allrad verfrachtet, und los geht's. Nach einer dreiviertel Stunde kommen wir bei Lorenzo im Örtchen Calcinelli an. Er hat eine Schreinerei, keine Ehefrau und züchtet Lagottos. Er geht mit einem gewissen Leonardo auf Trüffelsuche in dessen natürliche *tartufaia*, die einmalig in Italien ist, wie mir Franco versichert. Er war noch nie selbst dort, wurde aber von Lorenzo eingeweiht. Sie ist eingezäunt und produziert seit Jahren gute Mengen der Herrentrüffel. Leonardo, der ebenfalls Lagottos züchtet, lässt nur einige wenige seiner Freunde auf dieses wunderbare Fleckchen Erde, wo man auf 60 Hektar Trüffeln suchen kann.

Die Schönheit kostet am wenigsten

Lorenzo zeigt uns seine Lagottos, zwei davon haben 1999 in Mexiko die Weltmeisterschaft gewonnen. Wir laden unsere Utensilien in Lorenzos Kombi um, Attila kommt in eine Box, und los geht's rund 15 Kilometer ins Landesinnere über kleine Asphaltstraßen und Feldwege. Nie mehr werde ich dort hinfinden;

Franco auch nicht. An einem verlassenen, alten Bauernhaus unter großen Eichen parken wir, steigen aus und in die Gummistiefel. Franco holt sich die letzte Zigarette aus der Schachtel, steckt sie in den Mund und wirft die Schachtel ins Gras. Ich hebe sie auf und stecke sie feierlich in eine der vielen Taschen seiner Jacke. *Tedesco!* grinst er.
Der Boden besteht aus reinem Lehm, und es hat die letzten Wochen viel geregnet. Es ist neblig, richtig gespenstisch. Hundegebell, vor dem verlassenen Bauernhaus einige Hundezwinger aus Baustahlgitter, in denen Leonardos Hunde aufgeregt hin und her springen. *Ciao*. Da seid ihr ja! Lorenzo stellt Franco und Clauss-e vor. Woher kommst du? Deutschland? Nein, Bayern, *Monaco di Baviera*. Ah, Oktoberfest. War ich schon dreimal. Paulaner. *Buono*! Leonardo, ein listiger Sechziger in einem grauen Arbeitsmantel und Gummistiefeln, zeigt uns stolz die Hunde, acht oder zehn bestimmt. In der letzten Box kläffen zwei junge Hunde, ein blonder mit braunem Kopf und ein *marrone*, ein graubrauner. Leonardo lässt den blonden mit dem braunen Kopf aus der Box. Er kommt sofort zu mir her, lässt sich streicheln, leckt mir die Hand. Neun Monate, aber schau dir den Körperbau an, quadratisch, starke Brust, kräftige Vorderpfoten. Wirklich ein netter Hund und hübsch. Die Schönheit kostet am wenigsten. Wir nehmen ihn mit, dann kannst du sehen, ob er dir gefällt, und du gewinnst eine Vorstellung davon, ob er schon ein bisschen kapiert hat, um was es geht.

Eine jungfräuliche Trüffel

Attila bleibt in der engen Box im Auto und ist sauer. Vielleicht können wir später noch eine Runde mit ihm drehen. Ein unbefestigter, schlammiger Weg führt uns nach einem halben Kilometer in die *tartufaia*. Dieser Eichenwald ist wunderschön, jedem Trüffelsucher muss hier das Herz aufgehen. Wie heißt der Hund? Tolo. Wie? In den Papieren steht Ptolemaeus. Nun ja. Hast du ein paar Trüffeln vergraben? will Franco wissen. Nein, *per carità* – um Gottes willen. Es ist heute wirklich das erste Mal mit Tolo hier in dieser *tartufaia*. Ich habe ums Haus herum immer wieder Trüffeln vergraben, die er sofort fand. Heute werden wir sehen, ob er auch *un tartufo vergine* findet, also eine jungfräuliche, eine natürlich gewachsene Trüffel. Die zur Ausbildung vergrabenen finden die jungen Hunde schon nach kurzer Zeit, weil neben dem Trüffelgeruch auch noch der Geruch von Herrchens Händen an der Grabstelle vorhanden ist.
Tolo trabt wie ein Wiesel voller Freude über das feuchte Laub, durch das Unterholz. Hin und her. Er beginnt drei-, viermal zu scharren. Wir nehmen fachmännisch einige herausgescharrte Erdklumpen in die Hand, riechen daran und ziehen kritisch die Stirn kraus. *Niente.* Die in grünen Gummistiefeln steckenden Lorenzo, Leonardo und Franco unterhalten sich in breitem marchigianischen Dialekt, den ich recht gut verstehe, aber vermeide, ihn selbst zu sprechen; und ich laufe mit, wie ein Hündchen, aber mit Riesenohren.

Gute Zeiten, schlechte Zeiten

Letzte Woche habe ich eine Trüffel gefunden, die war gut 150 Gramm schwer. Ganz tief unten. Der Hund hat immer wieder an der gleichen Stelle gescharrt, bis ich sie gefunden habe, erzählt Leonardo. Lorenzo hat eine mit 180 Gramm gefunden, die um eine Wurzel herumgewachsen war. Deshalb nimmt er jetzt immer ein Messer mit, um eventuelle Wurzeln abschneiden zu können. Sie überbieten sich mit ihren Funden und mit den Attributen ihrer Wunderhunde. Nur Franco meint, dieses Jahr wäre nicht sehr gut. Stimmt, meinen die beiden anderen. Hast du gehört, welche Preise sie in Deutschland nehmen? Fragt doch Clauss-e, der muss es wissen. Ach ja, ich bin auch noch da. Und? Ach, so teuer sind sie auch wieder nicht. Alles Propaganda. Aber dieses Jahr, wirklich! Und die Wildschweine… – Tolo scharrt sehr nachhaltig neben einer kleinen Eiche, hält ein, schaut zu uns her, das Schwänzchen geht aufgeregt hin und her, wie ein auf den Kopf gestellter nervöser Perpentikel. Lorenzo gräbt mit seiner *vanghetta* vorsichtig im feuchten Lehm, wir riechen an den Klumpen. Riecht stark nach Trüffel. Da muss etwas sein! In dreißig Zentimetern Tiefe wird eine breite, flache Trüffel sichtbar; eine Jungfräuliche, deren Rand der Kleine mit den Krallen etwas beschädigt hat. *Fà niente*. Er muss erst noch lernen, auf Kommando sofort aufzuhören. An die 50 Gramm, das ist in Ordnung. Reicht für unsere Tagliatelle heute abend. Aber sonst – enorm schlecht heuer. Die anderen stimmen zu, ich auch. Tolo gefällt mir sehr gut. Ich werde einen Teufel tun und mir das anmerken lassen. Nach einer guten Stunde gehen wir wieder zurück zum Auto und zu den Hunden. Tolo kommt in seinen Zwinger. Nun darf Attila noch einen Spaziergang durch die Traum-*tartufaia* machen. Er findet zielsicher drei oder vier schöne, wenn auch nicht allzu große Trüffeln. Das Jahr ist ja nicht so gut. Die Trüffeln nehmt ihr mit, gestattet uns Leonardo. Hier würde ich gerne ein paar Stunden auf die Suche gehen.

Die Stiefel im Gras etwas gesäubert, fahren wir alle zusammen in Lorenzos Kombi zurück in seinen Ort. Am Ortseingang halten wir an einer Bar, in der ich eine Runde *Ramazotti caldo* – Magenbitter mit Wasserdampf erhitzt und einem Stückchen Zitrone – ausgeben möchte. Gar nicht einfach, weil alle einen ausgeben wollen – *offro io*! *No, offro io*! Als guter deutscher Vermittler schaffe ich die nahezu unvorstellbare Vereinbarung, nach welcher einer nach dem anderen eine Runde ausgibt. Das haben wir uns aber auch verdient. Über den Hund wird nicht gesprochen. Jetzt damit anzufangen, vielleicht nach dem Preis zu fragen wäre unhöflich, auch nicht nach dem zweiten Ramazotti. In ein paar Tagen wird Franco Lorenzo anrufen und fragen, ob er schon bei Leonardo angerufen hat, welchen Preis er sich für Tolo vorstellt. Obwohl ich ja gar keinen Hund brauche, weil Attila so gut ist. Leonardo wird Lorenzo sagen, er müsste es sich noch überlegen. Und es wäre ja eigentlich eine Schande, so einen guten Hund herzugeben. Und Lorenzo wird Franco anrufen und dieser mich. Das nächste halbe Jahr werden wir noch einige Telefonate führen. Hier die *direttissima* zu nehmen wäre ein grober Fehler.

Je mehr Ramazotti, desto mehr werde ich in das Gespräch einbezogen. Wo hast du Italienisch gelernt? Ich komme seit vielen Jahren nach Italien, privat, aber auch geschäftlich. Franco wirft ein: Er ist der *vicepresidente* der Italienischen Handelskammer in München. Wie bitte? meint Leonardo, der Hundebesitzer? Zu Lorenzo hast du gesagt, *ti porto uno...*, du bringst einen mit – so irgendeinen. Die Lebensgefährtin meines Sohnes organisiert demnächst eine Ausstellung in der Schweiz mit Salami, Schinken, Käse, Wein und anderen Produkten aus unserer Region. Kannst du ihr nicht ein paar Kontakte in Bayern verschaffen? *Certo!* Sicher! Nun bin ich voll dabei. Alle reden auf mich ein und wollen wissen, was ich sonst noch mache, ob wir schon Schnee haben und ob wir jeden Tag *stinchi con crauti*, Hax'n mit Sauerkraut essen. Tauschen wir die Handynummern aus, schlägt Leonardo vor. Schön, dich zu kennen und mit dir befreundet zu sein.

Finde ich auch, denn Leonardo lässt nur Freunde in seine *tartufaia*.

Von Trüffeln in Deutschland

An einem Sonntag vormittag erreichte mich ein Anruf von Gerhard Merk, Journalist einer großen Münchener Tageszeitung. Eine Sensation! Jemand hätte in Oberbayern eine weiße Trüffel gefunden. Er wollte über diesen wertvollen Fund berichten und von mir Näheres über die weißen Trüffeln wissen. Ich ließ mir die Trüffel beschreiben. Schon mehrmals hatten mir Leute weiße Trüffeln, die sie im Alpenvorland gefunden hatten, zur Begutachtung gebracht – in der Hoffnung, es wären die teuren weißen Trüffeln, die Herrentrüffeln.
Das Exemplar, um das es diesmal ging, hatte die Größe einer Mandarine, war weißlich-grau, ähnlich einem fleckigen Stein. Es handelte sich um eine Mäandertrüffel *(Choiromyces meandriformis* oder *venosus)*. Da die Mäandertrüffel teilweise bis zur Hälfte aus dem Waldboden herauswächst, war der Finder beim Schwammerlsuchen geradewegs darübergestolpert. Kein Hund hätte diese Trüffelart entdeckt, sie riecht nach rein gar nichts.
Von den gut 240 verschiedenen Trüffelarten, die es auf der Welt gibt, kommen nur wenige in Deutschland vor und sind ganz ohne oder mit nur geringem Geschmack, der mit dem der wertvollen Trüffeln wenig zu tun hat. Es wird von einem Sternekoch berichtet, der feine Speisen mit der im Fränkischen wachsenden Schiefertrüffel kreiert – mit eher exotischem als kulinarischem Wert. In unseren Breiten gibt es weder Herrentrüffeln noch Périgord- oder Sommertrüffeln.

Verdauungsfördernd

Die Mäandertrüffel wird relativ häufig gefunden. Sie wurde zu früheren Zeiten, wie so vieles andere für uns heute Unvorstellbare, zubereitet und gegessen. Sie musste einige Stunden gekocht werden, da sonst die Verdauung äußerst stark und plötzlich eingesetzt hätte oder gar Vergiftungserscheinungen aufgetreten wären. Aus dieser Zeit stammen Rezepte, die mit Anweisungen beginnen wie: Man nehme zwei bis drei Kilogramm Trüffeln, putze sie und koche sie drei Stunden auf mittlerem Feuer.

Von einem Trüffelrekord

Anfang Juni. Ein schöner Abend auf der Terrasse mit Pizza *al rosmarino* und viel Vino Lacrima, dem typischen Wein in Monte San Vito. In Weinlaune prahle ich vor den Gästen, ganz früh auf Trüffelsuche zu gehen. Erstaunlicherweise will niemand mitgehen.

Das Versprechen

Um half fünf piept der Wecker penetrant. Ein Blick aus dem Fenster sagt mir: das angekündigte Ende der Schönwetterperiode ist da. Es nieselt. Um das Gesicht nicht zu verlieren und beim Frühstück hämisches Gelächter zu vermeiden, sind um fünf Uhr Attila, Hundekuchen, Grabwerkzeug und Frischetücher, die ich bei jedem Flug mit der AirDolomiti mitgehen lasse, im Punto verstaut, und es geht los. Ich fahre zu einem besonders geheimen Trüffelplatz, an dem ich noch nie andere Grabstellen gesehen habe als meine eigenen, geschweige denn einen anderen Trüffelsucher.

Regen bringt Segen

Das Nieseln geht langsam in Regen über. Der angepeilte Trüffelplatz ist recht bequem zu begehen. Er ist eben, die Bäume, fast alles Eichen, stehen in guten Abständen. Wenn es regnet, wird der Lehmboden zur Schmierseife, und Hund und Herrchen schauen hinterher aus wie von einer Töpferscheibe gesprungen. Vom Auto aus müssen Attila und ich nur einen halben Kilometer leicht bergauf bis zum Wäldchen laufen. Attila ist schon ganz nass, was für die Heimfahrt im Punto angelaufene Scheiben und den Geruch nach intensiv getragenen Turnschuhen garantiert. Wir müssen unbedingt ein paar Trüffeln mit nach Hause bringen, sonst gibt es das Gelächter mittags. Attila prüft jede Eiche und setzt seine Duftmarke, bis es mir reicht und ich ihn anherrsche. Beleidigt zieht er seine Kreise. Schnüffelt hier, schnüffelt da. Scharrt nicht sehr überzeugt an einer Stelle und setzt sich. Wenn er meinem Blick ausweicht, ist entweder gar nichts drin, oder ich finde eine faule Trüffel. Es ist eine kleine faule, die ich sofort wieder eingrabe. Auf Wiedersehen nächstes Jahr vielleicht.
Plötzlich sehe ich Attila nicht mehr. Ich rufe ihn, er kommt aber nicht. Da entdecke ich ihn unter einer mittelgroßen Eiche mit tiefhängenden Ästen. Er scharrt wie ein Wilder. Ich rufe *fermati!* Halt. Er könnte die Trüffel beschädigen. Spürt er Widerstand, hört er eigentlich sofort von selbst mit dem Scharren auf. Nach meinem Kommando stellt er das Scharren ein und setzt sich schwanzwedelnd auf die Stelle, an der er gescharrt hat. Ich schiebe ihn weg, kontrolliere die

Stelle. Er hat ein Loch von schon fast zehn Zentimetern Tiefe gescharrt. Nichts ist im Loch. Ich grabe vorsichtig mit der *vanghetta* weiter. Nichts.

Tagliatelle von Truthahneiern

Nach einem lauten *su, Attila, su!* beginnt er wieder zu scharren, etwas weiter in Richtung Baumstamm. Er hält ein, steckt die Schnauze in das Loch, scharrt wieder, steckt die Schnauze wieder hinein, schnaubt dabei laut. Ich schiebe ihn weg und steche mit dem Werkzeug neben der Stelle, an der er so intensiv gescharrt hat, tief hinein und heble das Erdreich hoch. Der Lehm teilt sich und etwas Dunkles schimmert durch. Da ist eine! Vorsichtig hebe ich weiter an, lege das Werkzeug beiseite. Ich teile den großen Lehmklumpen vorsichtig mit den gummibehandschuhten Händen und schäle eine riesige Trüffel heraus – groß wie eine Kokosnuss, gut 25 Zentimeter im Durchmesser. Ich kann es kaum fassen, was ich da in den Händen halte. Attila stupst mich an und will endlich einen Hundekuchen. Einen? Fünf bekommt er! Und dann nochmals eine Handvoll. Die Trüffel verströmt einen feinen Duft nach Pilzen und Knoblauch. So eine große Sommertrüffel habe ich noch nie gesehen. Attila ist genauso begeistert wie ich. Das wird ein Empfang heute. Wir werden ein großes Trüffelessen mit den Freunden und den Nachbarn machen. Ich rufe sofort unsere Nachbarin Innocenza an – die beste Köchin der Welt – und informiere sie über die Situation. Sie verspricht, sofort für 15 Personen Tagliatelle zu machen; nicht normal mit Hühnereiern, sondern mit Truthahneiern, weil die mehr Geschmack und eine schönere Farbe machen.

Zu Hause angekommen, mache ich ein missmutiges Gesicht, nass und voller Lehm, wie Hund und Herrchen sind. Habt ihr etwas gefunden? Sie sagen nicht, hast du etwas gefunden? Sie sagen, habt ihr. Nicht der Rede wert. Das Grinsen der angeblichen Freunde wird breiter. Wir wollen heute abend in der *trattoria del pescatore* Fisch essen; du bist doch einverstanden. Dieser weiteren Gemeinheit habe ich etwas Gewichtiges entgegenzusetzen. Kannst du mir mal die Waage aus der Küche holen? Verunsichert geht einer von den angeblichen Freunden ins Haus und bringt ein paar Augenblicke später eine Digitalwaage, die er auf die Austragsbank vor dem Haus stellt. Ich hole sehr umständlich und sehr langsam aus einer der tiefen Taschen meiner Jacke das Rekordobjekt und lege es auf die Waage. 532 Gramm. Großes Staunen, jeder will es anfühlen, in der Hand wiegen und beschnüffeln. Sei es ihnen gegönnt. Heute Abend kommen die Nachbarn, Innocenza macht gerade Tagliatelle. Verklärte Gesichter beim Abendessen zu fünfzehnt. Das sind genau 34,5 Gramm pro Nase.

Als Vorspeise machen wir *bruschetta*, geröstetes Weißbrot, mit Olivenöl, Salz, Pfeffer und die Trüffel darübergehobelt. Die Eiernudeln lassen wir in Butter mit Knoblauch und einer großen Menge dazugeriebener Trüffel, Salz und schwarzem Pfeffer ziehen und servieren sie heiß. Auf die Nudeln in den Tellern hoble ich noch wahre Berge von Trüffelscheiben. Der eine oder andere gibt noch etwas geriebenen Parmesankäse darüber, das ist legal. Ein Prosit auf Attila und Herrchen mit dem fast schwarzen, duftenden Vino Lacrima, der nicht nur Zungen und Zähne blau macht, sondern auch bald die wackeren Trüffelfreunde.

Bella Italia

Nach vielen Jahren in Mittelitalien habe ich so manches verstanden und mich an vieles gewöhnt, außer an das Fahren auf einer stark frequentierten Autobahn. Giovanni, ein Freund Francos, den ich vom Trüffelhundewettbewerb in Fossombrone kannte, hatte mich in die Emilia-Romagna eingeladen. Er besitzt im *interland* von Rimini eine Trüffel-*riserva*, die wir gemeinsam besuchen wollen. An der Ausfahrt Imola werden wir uns treffen. Mit Attila im hinteren abgetrennten Teil des Puntos fahre ich auf der vollen sechsspurigen Autobahn Rimini – Bologna auf der rechten, völlig freien Spur mit Tempo 100, während die italienischen Mitbürger Europas mit 70 oder 80 auf der mittleren Spur in Kolonne dahinschleichen, sich mit dem Beifahrer und den Mitfahrern auf den Rücksitzen mit Händen und Füßen unterhalten; mal fahren sie dabei zu sehr nach links, mal zu weit nach rechts.

Ich wechsle vorsichtig auf die linke Spur, passe mich dem Tempo 140 an – und werde links und rechts von frechen Motorradfahrern überholt. Der Hintermann fährt mir fast in den Kofferraum hinein. Blöder Mensch, sollte ihm Attila zuknurren. Er hat den linken Blinker gesetzt und betätigt unablässig die Lichthupe; wegen der Kolonne vor mir kann ich nicht schneller fahren. Er lässt nicht ab, aber ich weiche nicht. In Deutschland gibt es die Schilder mit der Aufschrift »Achtung Turnierpferde«. Ob ein Schild »Achtung Trüffelhund« in Italien eine Wirkung hätte? Mein Hintermann blinkt immer noch, kommt noch näher. Es drängt mich, eine Vollbremsung anzudeuten, was ich aber Attila zuliebe unterlasse. Wenn ich jetzt wegen eines Staus anhalten müsste, würde mein Hintermann wutentbrannt sein Fahrzeug verlassen, zu mir vorrennen, die Türe aufreißen und mich mit einem Schraubenzieher erstechen oder mich mit dem Sicherheitsgurt erwürgen. Ich könnte mich höchstens mit meiner *vanghetta* wehren, Attila auf ihn hetzen oder ihm ein paar Hundekuchen anbieten.

Als Klügerer gebe ich endlich nach und wechsle auf die mittlere Spur. Den Blick unauffällig nach links gerichtet, erwarte ich eine wutverzerrte Fratze oder drohende Armbewegungen oder unflätige Gesten. Oder alles zusammen. Nichts! Er beachtet mich nicht einmal, fährt an mir vorbei und dem nächsten Auto wieder fast in den Kofferraum. Mit Blinker und Lichthupe.

Kurz darauf erreiche ich Faenza, wo ich die Autobahn verlasse. Gleich nach dem Kassenhäuschen wartet schon der Trüffelkollege Giovanni in unverwechselbarer Trüffelkluft neben seinem mit Schlamm bespritzten Allrad auf mich. Fahren wir mit meinem *fuori strada?* meint er zur Begrüßung. Ich öffne die Hecktüre des Punto, und Attila schaut mich aus verschlafenen Augen an; er hatte schon immer die besseren Nerven.

Konspirative Übergabe

An der parallel zum Meer verlaufenden Staatsstraße 16 zwischen Senigallia und Ancona gibt es einige Parkplätze, die im Sommer tagsüber von Badegästen belegt sind. Dort stehen Verbotsschilder, nach denen von 22 bis 6 Uhr (und nicht umgekehrt!) nicht angehalten werden darf.
Auf einem dieser Parkplätze halten dann aber doch nachts zwei unauffällige Autos. Die Fahrer steigen aus, heißen vielleicht Salvatore und Enzo und verhandeln miteinander. Informationen, Drogen, Juwelen? Eine Szene aus einem spannenden Krimi; oder Realität im Trüffelgeschäft? Der Kofferraum eines der Autos wird geöffnet. Ein intensiver, konzentrierter Geruch, der den beiden aus einer Styroporschachtel entgegenströmt und ihnen fast Tränen in die Augen treibt. Weiße Trüffeln, eingebettet in zerknülltes Zeitungspapier, drei, vier Kilogramm davon. Einer anderen Schachtel entnimmt Enzo eine digitale Waage mit einer großen Schale, stellt sie neben den Trüffeln auf, schaltet sie ein und zeigt auf die Null der rotleuchtenden Skala. Salvatore nimmt eine Trüffel nach der anderen, größere und kleine, hält sie zwischen Zeigefinger und Daumen in den Schein der Kofferraumbeleuchtung, riecht daran, entfernt hier und da etwas Erde und legt sie in die Schale.
Da, ein Licht, ein anderes Auto. Kofferraumdeckel zu, lässig ans Auto gelehnt und in aller Ruhe eine Zigarette angezündet. Das Auto fährt langsam vorbei, der Fahrer blickt etwas irritiert durch die Seitenscheibe und biegt wieder auf die Straße ein, beschleunigt und ist weg. Kofferraum auf, und die letzten Trüffeln werden überprüft. Welch schlechtes Trüffeljahr, seit Wochen hat es nicht geregnet, meint Enzo. Welch schlechte Zahlungsmoral bei den Gastronomen, und die Gäste sparen, wendet Salvatore ein. Sie kennen sich seit Jahren, und keiner nimmt diese Aussagen des anderen mehr ernst. Drei Kilo 480 Gramm - sagen wir drei Kilo 400. Über den Preis sind sie sich schnell einig. Banknoten werden in die andere Hand gezählt, die Styroporschachtel wechselt den Besitzer. *Ciao, a presto*, grüßt Enzo. Salvatore kurbelt mit der rechten Hand, *ti chiamo*, ich rufe dich an. Er hat noch eine weite Fahrt vor sich in seinem Auto, das jetzt viel weniger wert ist als sein Inhalt.

Halten verboten

Diese Halteverbote sind eine profitable Erfindung des Bürgermeisters von Rimini, welche von der Provinz Ancona übernommen wurde. Allerdings nicht, um den Schwarzhandel mit Trüffeln zu unterbinden. Nachdem es keine rechtliche Handhabe gegen Straßenprostitution in Italien gibt und um die Gemeindekasse aufzubessern, hat der Bürgermeister diese Verbotsschilder an einschlägigen Straßen, an denen *luciole* stehen, aufstellen lassen. *Luciole* sind Glühwürmchen, wie die leichten Mädchen hier heißen und ihrem Gewerbe nach-»stehen«; so genannt, weil sie sich früher mit kleinen roten Lichtern bemerkbar zu machen pflegten.

Hält ein Freier nachts an, bezahlt er bei einer Polizeikontrolle zwischen 150 und 450 Euro Strafe, – weil er gegen das Halteverbot verstoßen hat.
Die Polizei wird aber nur selten bei Salvatores und Enzos abkassieren, weil diese Art von Trüffelhandel eine sympathische, ja romantische Ausnahme bleiben wird. Und sollten sie wirklich in eine Kontrolle geraten, ist die Frage, ob und welche Polizei zuständig ist, die *Guardia forestale*, die Forstpolizei, welche Trüffelsucher und Wilderer kontrolliert, die *carabinieri*, die für die besten Witze und auch für die Prostitution zuständig sind, oder die gefürchtete *Guardia di finanza*, die Finanzpolizei, die Einzige, über die niemand lachen kann.
Der Trüffelliebhaber kann aber beruhigt sein, denn wegen der Strafen für die Missachtung des Halteverbots wird sich der Trüffelpreis kaum verteuern. Der Trüffelexport erfolgt heute meist über gut organisierte und verlässliche Handelsunternehmen, die sich für eine klare Qualitätskontrolle mit einer seriösen Preisgestaltung verantwortlich fühlen.

Steuern auf italienisch

Der *circolo ARCI* hat seine Räumlichkeiten im Rathaus. Eine Bar und drei Räume mit Tischen für die Kartenspieler und ein *boccette*, ein Billardtisch ohne Löcher und Queues. Die schweren Billardkugeln werden geworfen oder gelegt und laufen nervenaufreibend langsam genau dorthin, wo sie der andere Spieler haben will. Nur mir gelingt das nie.
Wenn ich im Laufe eines Vormittags von der Trüffelsuche zurückkomme, ist es mir längst eine liebe Gewohnheit geworden, dem *circolo* einen Besuch abzustatten. Neugierig werde ich von der Handvoll Gäste, fast alle sind Rentner, nach der heutigen Beute befragt, und ich zeige nie zuviel davon her. Mein Trüffelgewand ist nicht sehr fein und nach der Jagd nicht sehr sauber, aber ich fühle mich darin so wohl, wie ein General in seiner Galauniform. Der *circolo* ist ein Club, der von der Kommunistischen Partei Italiens gefördert wird und steuerfrei ist. Die stets gutgelaunte Annapaola, schwarze Haare, immer schwarz und wohl proportioniert und dekolletiert gekleidet, arbeitet hier und wird von mir ab und zu mit einer schönen Trüffel beglückt. Würde sie einem Nichtmitglied einen Campari ausschenken, würde sowohl sie als auch das Nichtmitglied sich strafbar machen; wegen Steuerhinterziehung. Da ich Annapaola nicht in Gefahr bringen will, bin ich seit diesem Jahr *ARCI*-Mitglied und habe einen Ausweis, einen *tesserino*, für den ich immerhin 13 Euro Jahresbeitrag investiert habe. Ein Glas Wein kostet 40 Cent und ein Campari Soda einen Euro.
War die Ernte besonders gut, breitet sich der Trüffelsegen auch schon mal über Giovanni Delfino, unseren Polizeichef, aus oder über Sabrina, die Bürgermeisterin, die mich kürzlich fragte, ob ich bereit wäre, der *presidente* der *banda*, der Stadtkapelle, zu werden. Ich bin mir sicher, das wird teurer, und habe deshalb um Bedenkzeit gebeten, die noch andauert.

Attila und kein anderer

Wir haben uns dieses Fleckchen Erde freiwillig ausgesucht, wir wollten kein Deutschland oder Bayern mit besserem Wetter, wir wollten Italien, Mittelitalien. Niemand hat uns gerufen. Also versuche ich mich zu benehmen, wie sich ein Gast zu benehmen hat; der auch nicht seine Aufgabe darin sieht, seinem Gastgeber Verhaltensweisen oder gar Tischmanieren beizubringen. Spaghetti essen sich halt einfach leichter, wenn der Abstand zwischen Mund und Teller möglichst gering ist. Das haben auch wir längst festgestellt. Mit und ohne Trüffeln. Attila ist nun neun Jahre alt, und er wird noch gut einige Jahre mit mir auf Trüffeljagd gehen, immer in der Hoffnung, doch noch eine Trüffel zu finden, die schwerer als 532 Gramm ist. Tolo habe ich übrigens nicht gekauft, weil ich ja Attila habe und gar keinen anderen Hund brauche; und weil Leonardo sich entschlossen hat, Tolo doch nicht herzugeben, da er ja ein so außergewöhnlich guter Hund ist, wie er glaubwürdig zu versichern weiß.

Leo – ein Bilderbuch-Lagotto

Veni, vidi, vici

Nach zwei Jahren kam dann doch wieder der Gedanke, einen jungen Hund zu suchen. Nein – nicht als Ersatz für Attila, eher als jungen Kollegen. Das muss Lorenzo Cacci gespürt haben, denn Franco rief mich Ende Februar an, um mir von dem vor vier Wochen stattgefundenen Wurf von Lorenzos Lagottodame zu berichten, vaterschaftlich veranwortlich sein weltmeisterlicher Lagottorüde – Ptolemäus. Kannst du dich erinnern? *Naturalmente*! Alle sechs blond und quietschfidel. Die müssen wir uns anschauen. Vielleicht nehme ich auch einen. Wenn du Zeit hast, fahren wir morgen zu Lorenzo nach Calcinelli.

Am nächsten Tag schauen wir uns den Wurf an. Wenn man da nicht schwach wird! Sechs lustige kleine Kerle machen sich in einer Wurfkiste wichtig. Die Mutter schaut uns gelangweilt an, es ist ja nicht der erste Wurf. Zwei von den Welpen sind besonders munter und schauen rotzfrech in die Welt, knabbern uns sofort zahnlos an, als wir sie streicheln. Die anderen sind etwas zurückhaltender aber nicht ängstlich. Lorenzo meint, vier wären schon versprochen, aber das glauben wir nicht. Der eine freche Kerl ist ein Junge, der andere ein Mädel. Ich will nur einen Rüden, also bleibt Franco das Weibchen. Erstaunlich schnell einigen wir uns mit Lorenzo über den Preis. In *contanti*, also cash und sofort. Das zieht und wahrscheinlich fährt er gleich nach unserem Besuch zu seinem Autohändler und zahlt die Anzahlung für den Leasingvertrag für seinen neuen Alfa.

Nach zwei Monaten holen wir unsere Kinder. Mein Rüde hat den Namen Leo in den Papieren, das Weibchen Loredana, was Franco gar nicht gefällt und er deshalb sofort den passenden Namen *stellina*, Sternchen gibt. Ich werde Leo die ersten Monate bei Franco lassen, der mit beiden Hunden schon bald mit der spielerischen Ausbildung beginnen kann. Am nächsten Tag stelle ich Leo Attila vor. Attila gibt sich distanziert aber durchaus freundlich. Nur, als ich den Fressnapf fülle, vor dem Attila immer gespannt wartet, bis ich ihn erlaube darüber herzufallen, wagt es Leo, sich sogleich den ersten Bissen zu sichern. Das war falsch. Attila daneben – ein kaum hörbares Knurren – da fällt Leo der Hundekuchen aus dem Maul. Alles klar.

Rasterfahndung

Mit einem halben Jahr gehen Franco und ich zusammen mit Attila und Leo, seiner Pola und Stellina das erste Mal auf Trüffelsuche in die Natur. Die beiden jungen Hunde haben sehr schnell gelernt, von uns eingegrabene Trüffeln zu finden. Es ist Ende Juli und die Hochzeit der Sommertrüffel. Die Saison hat gut angefangen, da es im Frühjahr viel geregnet hatte und es dann warm wurde. Wenn es wenige Trüffeln gibt, ist der Konkurrenzkampf der Hunde groß und der

Nachwuchs hat gar keine Chance, ein Trüffelchen zu finden. Wenn die großen mit der Suche, oder besser, mit dem Finden beschäftig sind, können die Kleinen ungestört mitsuchen. So war es denn auch, beide haben an Stellen gescharrt, wo sich ein paar kleine Trüffeln versteckt hatten.

So ernsthaft ich die Ausbildung Attilas weitergetrieben habe – ich hatte damals noch nicht die angenehme Gelassenheit der Erfahrung – so spielerisch war sie nun bei Leo. Ich habe immer wieder Trüffel in die kleine, gelben Plastikbehälter aus den Überraschungseiern gesteckt, vergraben, geworfen und habe sie apportieren lassen. Dann großer, lautreicher Lob, streicheln und einen Hundekuchen. Die Freude des jungen Hundes war immer riesig und seine Arbeit, zu Hause, oder in der Natur wurde immer perfekter.

Ein Verstoß gegen die Golfregeln?

Eine Journalistengruppe war zu Besuch in Le Marche und ich hatte die Freude, sie betreuen zu dürfen. Die Berichterstattung sollte über Golf und Trüffeln gehen. Also waren wir auf Trüffelsuche – mit Erfolg. Einer der Journalisten hieß Leo. Großes Amüsement, wenn ich meinen Leo aufforderte, zu suchen mit Leo su, su. Bravo, brav.

Nach einem Turnier auf dem Golfplatz in Sirolo bat ich die Gruppe, mit mir mitzukommen. Franco hatte Leo gebracht, einen Fressnapf aus grünem Plastik – und zehn besondere Golfbälle. Große Neugier bei den Journalisten, Kameras wurden herausgeholt, Fragen gestellt. Leo hatte mich stürmisch begrüßt und saß neben mir. Ich nahm ein Eisen sieben zur Hand und schlug die zehn Golfbälle in das nicht allzu weite Rough, einer ungemähten Wiese mit Büschen und hohen Gräsern. Gespannte Blicke. Leo verfolgte jeden Schlag und jeden Ball mit seinen brauen, lustigen Augen. Als alle Bälle geschlagen waren, gab ich Leo das Kommando – such! Blitzstart in die Weise und nach einer halben Minute kommt er mit einem Ball im Maul, den er klackend in den grünen Fressnapf fallen lies. Lautstarkes Lob, Applaus von den Journalisten und *Hundekuchen*. Er wusste genau, dass es den Hundekuchen erst nach dem Klackgeräusch des Balles im Fressnapf gibt. Dann weiter. Ein Ball nach dem anderen klackt in den Napf.

Das ist aber beim Golfen nicht erlaubt, meint einer der Presseleute süffisant. Nun, im Regelbuch steht nicht geschrieben, dass ein Lagotto keine Bälle suchen darf. Er dürfte den Ball nur nicht apportieren, sondern müsste am Fundort sitzen bleiben. Scherz. War das schwierig, den Hund auf Golfbälle zu trainieren, wollte jemand wissen. Obwohl ich Trüffelsucher bin, bin ich heute mal ehrlich – Franco hat die Bälle vorher mit ein wenig Trüffelöl eingerieben.

Die ewigen Trüffeljagdgründe

Vier Jahre lang bin ich mit Leo und Attila zusammen auf Trüffelsuche gegangen. Sie hatten nie Ärger miteinander, jeder hatte immer seine eigenen Bereiche. Aber Attila war immer der Chef, der mit leisem Knurren dem Junior von Zeit zu Zeit die Halsbandweite auf null zu stellen verstand. Attila war nie krank. Er war schon fast neuzehn Jahre alt, fast blind aber immer noch lustig und munter, als ich mit den Hunden im Spätherbst in den Bergen war und mit ziemlich wenig Ausbeute nach Hause kam. Die Hunde wurden gefüttert und kamen in die Boxen, wie jeden Abend. Am nächsten Tag lag mein alter Weggefährte tot im Zwinger. Sicher war ich traurig, aber ich war auch glücklich über die 17 wunderbaren Trüffeljahre mit meinem Partner und Freund, über die vielen Ausritte in die Berge - meditative Spaziergänge an guten und schlechten Tagen, die zahlreichen Drehs mit begeisterten Fernsehteams. Er kannte jeden Blick, jedes Kommando von mir, ich kannte jeden Laut von ihm, jede Bewegung; ich wusste schon vorher, ob nun gleich eine große oder kleine Trüffel ans Licht kommen würde. Er ist durch die zahlreichen Publikationen wohl der berühmteste Trüffelhund der Welt geworden. Immer wieder werden ältere Trüffelfilme in den Sendern wiederholt und auf diese Weise lebt Attila weiter.

Leo hat sich prächtig entwickelt und auch er ist mittlerweile ein beliebter Fernsehstar. Er gräbt auch schon mal für eine gute Aufnahme bis zu zehn mal die selbe Trüffel aus und grinst, sobald er eine Kamera sieht. Ich werde mit Franco bald wieder einen Wurf mit kleinen Lagotto anschauen, denn seine Stellina braucht ebenfalls einen Gefährten.

Trüffel-Latein

Amourette	galante Bezeichnung für Trüffel im Departement l'Yeuse/ Frankreich
Caveur	(frz.) Trüffelsucher
Cercatore	(it.) Trüffelsucher
Gleba	Fruchtfleisch einer Trüffel
Hyphe	Pilzfaden, Teil des Myzels
Le Marche	die Marken; mittelitalienische Region mit der Hauptstadt Ancona
Molise	süditalienische Region mit der Hauptstadt Campobasso
Mykhorrhiza	(gr.: rhiza = Wurzel). Symbiose zwischen höheren Pflanzen und Pilzen. Der Pilz lockert den Humusboden und liefert der Pflanze Wasser und Mineralsalze; die höhere Pflanze versorgt die Trüffel mit Kohlehydrate und Chlorophyll.
Myzel	(gr.: mykes = Pilz), auch Myzelium, Fadengeflecht, Pilzlager, fädiger, meist verzweigter Vegetationskörper der Pilze. Am Myzel bilden sich die Fruchtkörper (Trüffel).
Peridium	Außenhaut einer Trüffel
Périgord	entspricht dem südwestfranzösischen Departement Dordogne
Piemont	norditalienische Region mit der Hauptstadt Turin
Rabasse, la	(frz.) Bezeichnung für Sommertrüffel in der Provence
Rabassier	(frz.) Bezeichnung für Trüffelsucher in der Provence
Scorzone	(it.) volkstümlich für die Sommertrüffel (tuber aestivum)
Sporen	netzadrige oder stachelige Körper in den Schläuchen im Fruchtkörper einer Trüffel, die das Myzel reproduzieren
Tartufaia	(it.) Bereich eines Grundstücks, in dem Trüffeln wachsen
Tartufaio	(it.) Trüffelsucher, Trüffelhund
Tartufaro	(it. Dialekt) Trüffelsucher (Le Marche)
Tesserino	(it.) Ausweiskarte des Trüffelsuchers
Trifolao	Trüffelsucher, aber auch Trüffelhund (Piemont)
Trüffelgebiet	Gebiet, Grundstück, in dessen Boden Trüffeln wachsen
Trüffelhobel	Küchengerät, fein einstellbarer Hobel, meist aus Edelstahl
Trüffelhund	für die Trüffelsuche ausgebildeter Hund
Trüffelschwein	für die Trüffelsuche ausgebildetes Hausschwein oder gezähmtes Wildschwein (ist in Italien verboten)

Tuber (lat.: Schlauch) Gattung der Schlauchpilze, deren Myzel im Waldhumus lebt und mit den Wurzeln der Waldbäume, aber auch sonstigen höheren Pflanzen eine Mykhorriza bildet. Sie sind innen marmoriert durch hellere und dunklere gewundene Gänge, die mit einer Fruchtschicht ausgekleidet sind. Diese Schicht enthält die Sporenschläuche. Reife Fruchtkörper zerfallen durch Fäulnis und ermöglichen dadurch die Reproduktion.

Vanghetta (it.: la vanga = Lanze) auch Vanghina, kleine, sehr robuste Lanze, Stecheisen zum Trüffelausgraben. Länge etwa 60 Zentimeter

Zappa Hacke für die Trüffelsuche, die im Piemont verwendet wird

Tuber (selektierte Auswahl)

Tuber magnatum pico
auch *tuber albidum, tuber album,* volkstüml. Bezeichnung: Herrentrüffel, Magnatentrüffel, auch nicht ganz korrekt: Alba- oder Piemont-Trüffel. Vorkommen: Piemont, Le Marche, Molise, Emilia-Romagna, Toskana, Umbrien, Istrien, Kroatien, Slowenien. Farbe: blass oder intensiv ocker, oft fleckig. Geruch: intensiv, nach Knoblauch, Brühe, Kohl, altem Käse, Sperma, morbid. Saison: Oktober bis Dezember. Sehr wertvoll, die teuerste Trüffelart.

Tuber melanosporum Vitt.
(lat.: melanos = schwarz, lat.: sporum = Sporen) oder *tuber nigrum,* volkstüml. Bezeichnung: Périgord-Trüffel, *tartufo nero pregiato*, *tartufo di Norcia,* Norcia-Trüffel. Farbe: schwarz. Geruch: sehr fein nach Brühe, Moschus, Kohl und Muskat. Vorkommen: Frankreich – Périgord, Dordogne, Tricastin. Italien – Umbrien, Le Marche, Molise, Toskana, vereinzelt Piemont. Saison: Dezember bis Januar (Italien), in Frankreich bis März. Sehr wertvoll, zweitteuerste Trüffelart.

Tuber aestivum Vitt.
Sommertrüffel, volkstüml. Bezeichnung: Maitrüffel, Johannistrüffel, *scorzone* (it.). Farbe: schwarz. Geruch: nussig, teilweise nach Steinpilzen, Moschus, Humus, Moos. Vorkommen: in ganz Europa – in kalkhaltigem Boden mit Laubbäumen (z. B. Eiche, Buche, Haselnuss, aber auch Wacholder, Ginster).

Tuber borchii Pico, Bianchetto
tartufo marzuolo, auch fälschlich *tuber album. Criadilla de tiera* (span.), volkstüml. Bezeichnung: Märztrüffel, Erdbrieschen, *grumelo* (span.). Farbe: beige-grau bis ocker, teilweise mit hell- bis dunkelbraunen und rötlichen Flecken. Geruch: sehr intensiv, teilweise aufdringlich nach überlagertem Käse und/oder Knoblauch. Vorkommen: Italien – Le Marche, Umbrien, Emilia-Romagna, Toskana, Molise. Nordspanien. Saison: Januar bis April. Kulinarisch gut verwendbar, aber nicht sehr gefragt. Sehr intensiv im Geschmack, bei Genuss von zu großer Menge schwer verdaulich. Sie werden meist zu Trüffelcrème verarbeitet.

Tuber brumale Vitt. *tuber forma moscatum;* Wintertrüffel, *tartufo moscato* (it.), Geruch: nach Muskat, Moschus, ähnlich der Périgord-Trüffel, nur schwächer. Vorkommen: Italien – Le Marche, Umbrien, Toskana, Emilia-Romagna, Veneto, Abruzzen. Saison: Dezember bis März. Kulinarisch recht gut verwendbar; sie werden oft in betrügerischer Absicht unter Périgord-Trüffeln gemischt.

Tuber de Ferry volkstüml. Bezeichnung: *tartufo del campo* oder *tartufo forte* (it.). Farbe: schwarz. Geruch: stark aber fein nach Pilzen und Waldboden. Vorkommen: Le Marche, Umbrien, Toskana, Emilia-Romagna, Abruzzen. Saison: Dezember bis März.

Tuber mesentericum Vitt. Farbe: schwarz. Geruch: stark, wenn sehr reif unangenehm nach Bitumen und Desinfektionsmittel. Vorkommen: Le Marche, Umbrien, Toskana, Emilia-Romagna, Veneto, Abruzzen. Saison: Dezember bis März.
Kulinarisch recht gut verwendbar, in Deutschland aber weitgehend unbekannt.

Tuber macrosporum Vitt. außen schwarz, ähnlich der Sommertrüffel, aber nicht so stark gewarzt, etwas heller. Angenehmer Duft, aber selten. Saison: Oktober bis Dezember. Vorkommen: Italien und Frankreich.

Schiefertrüffel

Pisolithus arhizus, volkstüml. Bezeichnung: Erbsenstreuling oder Böhmische Trüffel. Wächst in Deutschland in Franken (Frankenwald) in verrotteten Schieferhalden und Schieferbrüchen, meist in der Nachbarschaft von Birken unter leicht erhöhten Steinplatten. Kulinarisch gesehen eine Kuriosität mit gutem Duft nach Steinpilzen.

Tuber uncinatum Chatin

oder Burgundertrüffel. Ist der Sommertrüffel ähnlich, hat weniger Duft, ist selten. Vorkommen: Italien, Frankreich, Deutschland. Saison: Oktober bis Dezember.

Terfezia leonis Tulasne

terfezia bonis, terfas, terfez, tartufo del deserto (it.), *biancaneve* (it.), Wüstentrüffel, afrikanische Trüffel, Schneeweißchen, gelbe Trüffel. Sie duftet nach Steinpilzen und wächst im sandigen Boden der Mittelmeerländer. In Sardinien, wo es früher kaum Schweine gab, wurde sie mit weiblichen Ziegen gesucht.

Tuber indicum himalayense

chinesische, asiatische oder Himalaya-Trüffel. Sie ist vom Aussehen her der Sommertrüffel ähnlich. Innen dunkelbraun mit starken weißen Venen. Außen oft mit leicht rötlich-braunem Schimmer. Hat wenig bis gar keinen Geschmack und einen geringen Marktwert. In Italien ist der Vertieb verboten. Sie wird oft in betrügerischer Absicht unter andere, wertvollere Trüffelarten gemischt und verkauft. Mittlerweile überschwemmen sie den europäischen Markt und wurden auch schon von einer Lebensmittelkette zu relativ niedrigen Preisen angeboten.

Kammeh, kemma, dscheme, kamés (frz.)

kalaharituber pfeilii, Kalaharitrüffel
Feigenförmige weiße Trüffelart, die aus der Gegend um Damaskus und Bagdad stammt, aber auch in der Wüste Kalahari in Namibia, im Südwesten Afrikas, vorkommt. Sie hat eine weichere Struktur als andere Trüffelarten und muss vor der Verarbeitung sehr gut gesäubert und geschält werden. Ihr Aroma ist am feinsten, wenn sie reif und damit weich ist. Sie wird in Arabien in den Monaten März und April, in Afrika im Mai geerntet. Schon die Römer kannten die kulinarischen Vorzüge dieser Trüffel. Im 19. Jahrhundert wurde sie »Steib« genannt. In Arabien wird

sie gerne mit Lammfleisch zubereitet. In den nördlichen Provinzen Saudi-Arabiens geben die Behörden seit kurzem Lizenzen für die Trüffelsuche aus, damit Wilderer nicht, als Trüffelsucher getarnt, in den Naturschutzgebieten jagen können.Nach Deutschland wird die Kalahari-Trüffel heute in gefrorenem Zustand exportiert.

Terfezia boudieri

ähnlich der Kalaharitrüffel *(tuber pfeilii)*. Vorkommen: Spanien, Marokko, Arabien, Lybien etc.

Choiromyces meandriformis

oder Mäandertrüffel, Schweinetrüffel, Weißtrüffel, weiße Trüffel. 4–12 cm Durchmesser, Farbe außen weißlich, grau-gelblich oder ockergelb. Innen fest, weiß-fleckig, adrig. Vorkommen: Deutschland, vornehmlich in Bayern und Sachsen. Roh ungenießbar bis giftig (sehr verdauungsfördernd). Sie wächst aus dem Boden heraus und kann leicht mit einem Stein verwechselt, aber auf diese Weise gefunden werden. Sie wurde früher bis zu zwei Stunden gekocht, um sie genießbar zu machen, oder getrocknet, um sie als Würze über Speisen zu reiben. Sie ist von Juni bis November in Laub- und Nadelwäldern zu finden.

Tuber rufum, tartufo rosso oder russo

Walnussgroß, hartes Peridium, dunkelocker bis rotbraun. Innen rötlich mit weißen Venen. Hat einen sehr starken, nicht direkt unangenehmen Geruch. Ist giftig und nicht genießbar.

Tuber excavatum Vitt., hohle Harttrüffel

Sie wird walnussgroß, kugelig, ocker, hart und hat fast immer eine Vertiefung. Schwacher aber eher unangenehmer Geruch. Ungenießbar.

„viaggio opera & tartufo"

Opern- & Trüffelreise in die Region Le Marche - Ancona/Jesi/Macerata
begleitet von Klaus-Wilhelm Gérard
Ende Juli/Anfang August
Programm

Donnerstag

Wir fliegen am Vormittag (9:40 h) vom Flughafen München zum Aeroporto Ancona-Falconara mit AirDolomiti/Lufthansa. Mit dem Bus fahren wir zum rustikalen Landgasthof „La Centilena" in Monte San Vito und werden bei Rolando unser erstes Trüffel-Mittagessen mit von „ la mamma gemachten" Ravioli geniessen. Hier werden wir den Trüffelhund Leo kennenlernen. Danach check-in im Hotel Federico II° in Jesi. Am Spätnachmittag fahren wir in das centro storico von Jesi, in welcher im Jahre 1194 der Stauferkönig Federico II geboren wurde. Wir werden die Piazza Federico II, die ehrwürdige Signoria, die städtische Pinacoteca (Palazzo Pianetti) besuchen und einige spannende Geschichten und Geschichtchen hören. Dann bringt uns der Bus nach Castelbellino in die Künstlerkneipe „al Tamburo battente" von Gino, wo wir eine unvergleichliche „serata italiana" haben werden.

Freitag

Nach dem Frühstück fahren wir entlang dem Flusse Esino zu den Grotte di Frasassi. Dieses Wunderwerk der Natur wurde erst 1971 von fünf jungen Alpinisten entdeckt und ist wohl die größte und schönste Tropfsteinhöhle Europas, die wir uns in einer exklusiven Führung anschauen werden. Bei einem rustikalen Mittagessen werden wir bei Settimio Sparapani in Cupramontana seine herrliche Verdicchio-Riserva „Il Priore" verkosten. Auch wenn es schwer fallen wird, fahren wir auf ein Relax-Päuschen am Pool zurück ins Hotel. Am Spätnachmittag fahren wir in das mittelalterliche „centro storico" von Monte San Vito. Bei einem kurzen Rundgang werden wir das kleine Barock-Theater „La Fortuna", die riesige Kirche San Pietro Apostolo, den Palazzo Malatesta aus dem 14. Jhd. und die Ölmühle von Prof. Sanigandro Dolci aus dem Jahre 1668 besichtigen und den Weg der Olive vom Baum bis in die Flasche nachvollziehen. Anschliessend erleben wir ein gemütliches Trüffelabendessen in gediegener, privater Landhausatmosphäre.

Samstag

Am Vormittag bringt uns der Bus nach Loreto, dem wichtigsten Marienwallfahrtsort Italiens und nach Recanati, woher der italienische „Goethe" Giacomo Leopardi stammt und auch der weltberühmte Tenor Beniamino Gigli, dessen Originalfundus wir im entzückenden Teatro Persiani besichtigen werden. Wir fahren dann weiter nach Ancona, der Hauptstadt der Marken, genießen auf dem Colle Guasco einen herrlichen Blick auf den Hafen und besuchen die über 1000 Jahre alte Kirche des Stadtheiligen San Ciriaco. Wir unternehmen einen kulinarischen Streifzug zur Piazza del Papa, zum Brunnen der 13 canelli, und durch die Fußgängerzone. Relax, z.B. am Außenpool unseres Hotels, um am Abend ausgeruht für den Opernbesuch zu sein. Am Spätnachmittag fahren wir dann mit dem Bus nach Macerata, der schönen Renaissance-Stadt. Nach einem kleinen, typischen Abendessen schlendern wir gemütlich durch die alten Gassen der Stadt zum Sferisterio, der ehrwürdigen Opernarena, die eine Halb-Elypse beschreibt - hier wurde schon im Jahre 1921 die Oper Aida aufgeführt - wir werden die besten Plätze haben. Auf sehr hohem Niveau und in einmaligem Ambiente werden wir eine Oper von Giuseppe Verdi erleben.

Sonntag

Der Trüffelsucher (hoffentlich -Finder) Franco Veroli wird vor und nach dem Frühstück am Hotelparkplatz schwarze Trüffeln und je nach Verfügbarkeit eine Auswahl an Trüffelprodukten und Olivenöl in guter Qualität und zu vertrauensvollen Preisen anbieten. Nachdem das Gepäck in den Bus geladen ist, fahren wir über die via panoramica über Monte San Vito und Morro d'Alba in die schöne Römerstadt Senigallia. Wir schlendern durch die Fußgängerzone und lassen uns im Hafen im Zwei-Sterne-Restaurant Uliassi - eines der besten Fischrestaurants an der Adria - bei Catia und Mauro mit einem überaus eleganten Déjeuner verwöhnen. Danach müssen wir leider zum Aeroporto fahren, denn die schöne, gemeinsame Zeit in der vielfach unbekannten Region Le Marche ist zu Ende.

18:25 h Rückflug vom Aeroporto Ancona-München
20:05 h Ankunft in München

„viaggio tartufissimo – bianco – nero“

vergnügliche weiß-schwarze Trüffelreise
in die Region Le Marche - Ancona/Jesi und Umgebung
begleitet von Klaus-Wilhelm Gérard
im Oktober und November
Programm

Donnerstag

Wir fliegen um 09:40 h mit der AirDolomiti/Lufthansa nach Ancona-Falconara, Ankunft um 11:15 h. Der Bus bringt uns zur Trattoria „La Centilena“ in Monte San Vito und wir werden bei Vittorio unser erstes rustikales Trüffel-Mittagessen mit hausgemachten Ravioli von „la mamma“ haben. Danach fahren wir zum Hotel Federico II in Jesi, check-in. Relax.
Am Spätnachmittag fahren wir in das Stadtzentrum von Jesi, der Stadt in welcher der Stauferkönig Federico II geboren ist. Wir werden die Piazza Federico II, die ehrwürdige Signoria und die städtischen Pinacoteca besuchen und spannende Geschichten hören. Dann geht es weiter in die Berge in das idyllische Örtchen Castelbellino, hier erwartet uns in der Künstlerkneipe „al Tamburo battente“ von Gino eine wunderbare „serata italiana piacevole“.

Freitag

Nach dem geruhsamen Frühstück im Hotel fahren wir mit dem Bus nach Ancona, wo wir vom Colle Guasco einen schönen Blick auf die Bucht und den Hafen haben werden.
Wir besuchen die über 1000 Jahre alte Kirche des Stadtheiligen San Ciriaco, verweilen in der Fußgängerzone. Man kann die Piazza del Papa, den Brunnen der 13 canelli anschauen, shoppen oder/und mit Sig. Gérard einen kulinarischen Streifzug durch die zona pedonale von Ancona machen.
Dann geht es gemütlich weiter nach Süden (ca. 30 km) in den schönen, wenn auch etwas verschlafenen Renaissance-Ort Recanati. Hier lebte der weltberühmte Tenor Beniamino Gigli. Wir betrachten seinen Orginialfundus, der seit kurzem in dem hübschen Theater Persiani ausgestellt ist. Eine kurze Fahrt bringt uns weiter zu dem mystischen Wallfahrtsort Loreto. Hier haben vor über 800 Jahren zwei Engel nach langem Transport das Geburtshaus der hl. Maria von Nazareth abgestellt. Um zu verhindern, dass das Haus wieder abgeholt wird (das wäre ein großer Image-und PR-Verlust gewesen), hat der zuständige Papst um das Haus herum von einem gewissen Herrn Bramante einen sehr schweren Alabasterwürfel bauen lassen. Geläutert und hungrig freuen wir uns auf das Trüffel-Dîner im Restaurant „AION“ bei Edelwinzer Alessandro Moroder in Montacuto, wo wir auch seinen hochkarätigen Rosso Conero kennenlernen werden.

Samstag

Den Umfang des Frühstücks im Hotel sollte sich jeder selbst gut überlegen, denn der Tag wird Leib und Seele viel Freude bereiten. Wir fahren (ca. 30 km) in den Apennin zu den Grotte di Frasassi. Dieses Wunderwerk der Natur wurde erst 1971 von fünf jungen Alpinisten entdeckt. Es sind wohl die größten und schönsten Tropfsteinhöhlen Europas, die wir uns in einer exklusiven Führung anschauen werden. Bei einem rustikalen Mittagessen mit schwarzen und weißen Trüffeln werden wir bei Settimio Sparapani in Cupramontana auch seine herrliche Verdicchio-Riserva„Il Priore" verkosten. Auch wenn es schwer fällt, wir fahren auf ein Relax- Päuschen zurück ins Hotel.
Am Spätnachmittag bringt uns der Bus in das mittelalterliche „centro storico" von Monte San Vito, wo wir den Palazzo Malatesta (14. Jhd.) besuchen werden. Bei einem kurzen Rundgang werden wir das kleine Barock-Theater „La Fortuna", die riesige Kirche San Pietro Apostolo und die Ölmühle von Prof. Sanigandro Dolci aus dem Jahre 1668 besichtigen und den Weg der Olive vom Baum bis in die Flasche nachvollziehen. Danach fahren wir weiter nach San Costanzo in die Osteria dialettale „da Rolando" von Rolando Ramoscelli zu einer „Vernissage der weißen Trüffel".

Sonntag

Der Trüffelsucher - und auch hoffentlich –Finder Franco Veroli wird vor und nach dem Abschiedsfrühstück am Hotelparkplatz je nach Verfügbarkeit eine Auswahl an weißen und schwarzen Trüffeln, Trüffelprodukten und Olivenöl in guter Qualität und zu vertrauensvollen Preisen anbieten. Nachdem das Gepäck in den Bus geladen ist, fahren wir über die „via panoramica" in die Römerstadt Senigallia und spazieren ein wenig durch die Altstadt. Im eleganten 2 - Sterne-Ristorante „Uliassi" werden uns Catia und Mauro mit ebenso wunderbaren wie raffinierten Speisen verwöhnen.

Danach müssen wir leider zum Aeroporto fahren, denn die schöne, gemeinsame Zeit in der vielfach unbekannten Region Le Marche ist zu Ende.

18:20 h Rückflug Ancona-München
20:05 h Ankunft München

Quellennachweis

Acqualagna Terra di Tartufi von Umberto Marini, Fossobrone, 1996
Allgemeine landwirtschaftliche Zeitung, Halle, 5. Dezember 1833
Archivio storicdo della Biblioteca Universitaria di Urbino 93, f. 238 r
Augenlust und Tafelfreuden, Leo Moulin, Fonds Mercator, Antwerpen 1989
Bewegte Medizin, Symposion am 5.7.1985, München
Das Leben der Heiligen Gottes von P. Otto Bitschnau, Einsiedeln, 1880
Der Trüffelbau von Alexander von Bornholz, Quedlinburg und Leipzig, 1825
Gesammelte kleine Schriften von Dr. Wilhelm Ritter von Hamm, Wien, 1881
La Violetta auf Trüffelsuche, Pierre Magnan, Scherz-Verlag Bern, München, Wien 2002
Physiologie des Geschmacks von Anthelm Brillat-Savarin, Braunschweig, 1866
Schachtafeln der Gesundheyt, Straßburg 1533, J.G. Bläschke Verlag Darmstadt, 1965

Trüffel Experte und Trüffel Buchautor Klaus-Wilhelm Gérard mit Trüffelbuch Verleger Alois Knürr und Trüffel Hund Attila bei der verdienten Brotzeit nach erfolgreicher Trüffelsuche.

Dank

Ich habe in der mittelitalienischen Region und vor allem in »meinem« Örtchen Monte San Vito von Anfang an eine große Gastfreundschaft erlebt. Daraus sind viele Freundschaften entstanden. Mit *avvocato* Giovanni Proccacini habe ich die ersten Trüffeleien erlebt, mit Franco Veroli die ersten Trüffelgeheimnisse ausgetauscht – dafür danke ich den Beiden von Herzen. Aber auch meiner Nachbarin Innocenza Allegrezza-Bernardi, die mich immer wieder vor dem Hungertod erretten musste; ihrem Ehemann Paolo Allegrezza, der mich jeweils zum richtigen Zeitpunkt mit Wein aus seiner *cantina* versorgt und zum Flugplatz bringt; meiner Familie, die mich in Peißenberg wochenlang mit zerzausten Haaren, wirrem Blick und mit tausend Büchern um mich herum, keine laute Musik duldend, am Laptop sitzend, ertragen musste; all meinen bayerischen und italienischen Mitmenschen, denen ich seit Jahren gefragt oder ungefragt mit dem Thema Trüffeln komme, und schließlich meinen Freunden, den Versuchskaninchen, die für die Optimierung der Trüffelgerichte herhalten mussten – und die nach all den Mahlzeiten noch gesund und am Leben sind.

Weitere Bücher aus dem Knürr Verlag München

Der Englische Garten in München

Umfassendstes Werk über den größten Stadtpark der Welt. 30 Fachautoren beleuchten die beliebte Münchner Freizeitoase. Gartenkunstdenkmal – Naturschönheit – Paradies der Münchner, zusammengestellt von Pankraz Frhr. von Freyberg.

Format: 19 x 23 cm, gebunden,
304 Seiten, reich bebildert
ISBN 978-3-928432-29-0 € 12,40

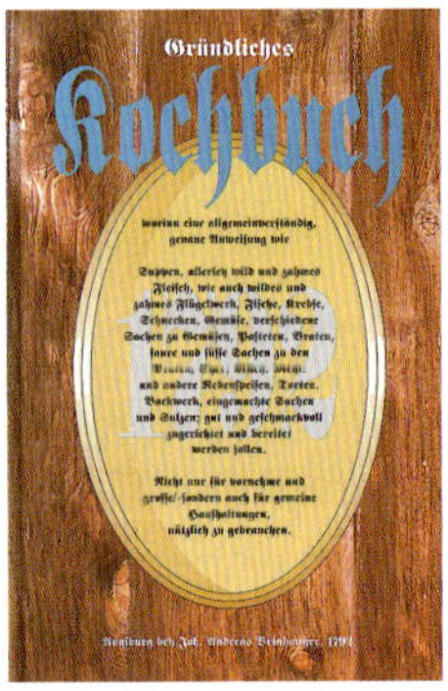

Gründliches Kochbuch

Neuauflage eines Augsburger Kochbuches aus dem Jahr 1792.

Das Kochbuch der Urgroßmutter unserer Urgroßmutter

160 Seiten, 14 x 21 cm, gebunden
ISBN 978-3-928432-15-3 € 9,90

1000 Cocktails mit Bier

von Dr. Ralph Diehl
Der „professionelle Barmeister" gibt wertvolle Tipps für Barkeeper, Gastronomen und Hobbymixer. 13 Cocktailgruppen mit 1000 Rezepten

184 Seiten, 14,8 x 21 cm, gebunden, bebildert
ISBN 978-3-928432-36-8 19,90

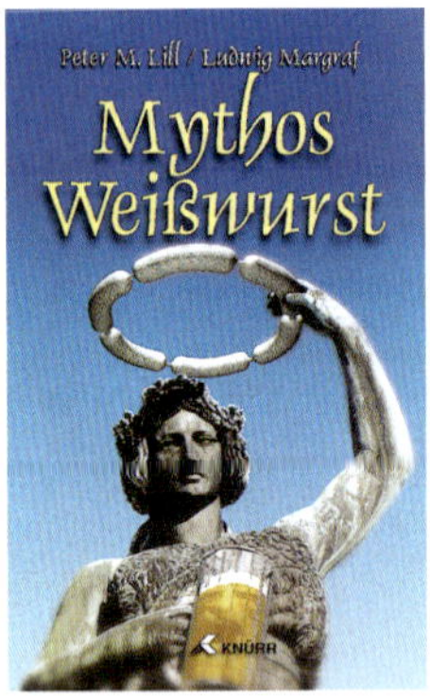

Mythos Weißwurst

von Peter M. Lill und Ludwig Margraf
Geschichten, Anekdoten und Wissenswertes über die Primadonna der Würste. Köstliche Zeichnungen und historische Fotos.

160 Seiten, 14 x 21 cm, gebunden
ISBN 978-3-928432-23-8 € 9,90

Vorrat halten

von Hildegard Rust

ein Ratgeber für einen gesunden und verantwortungsvollen Lebensstil. Einkaufen, Kühlen, Gefrieren, Einmachen, Lagern, Trocknen und Dörren, Einsalzen und Räuchern.

320 Seiten, 28 x 17 cm mit vielen Farbbildern, gebunden
ISBN 978-3-928432-47-4 24,90

Brauchtum übers Jahr im alten Bayern

von Peter Mayer und Sigi Gehmacher
Vom Seelenzopf zur Kirtahutsch zeigt das Buch Sitten und Gebräuche der Menschen im alten Bayern, speziell im Chiemgauer Land mit vielen historischen und aktuellen Farbbildern
144 Seiten, 14,8 x 21 cm, gebunden,
ISBN 978-3-928432-45-0 € 19,90

Alois Knürr Verlags GmbH Sperberstraße 23 81827 München
Tel. 0 89/43 76 61 00 Fax 0 89/4 39 29 86
knuerr-verlag@t-online.de www.knuerr-verlag.de